수업

수업

자신의 경험을 바탕으로
너희에게 새로운 것을 생각하게 하는,
그래서 그들의 말에 귀를 기울이게 하는
'상처입은 치유자'를 너희는
단 한사람이라도 알고 있는가?

지은이 박대수
그림 홍두리

책나무출판사

| 목차 |

시인을 조롱하는 시를 쓰는 너·6 / 내가 쓰는 글은·7 / 조삼모사·8 /

버나드 쇼와는 친구가 될 수 있다·9 / 스티븐잡스·11 / 단테의 신곡·12 /

상처입은 치유자·13 / 피아노의 숲·15 / 가치 안에서 비 가치를 보는 순간·18 /

헤르만 헤세의 '환상동화집' 중에서·20 / 너 때문이야·22 / 지성인·24 /

정파와 사파·26 / 논술 제도의 부당성·28 / 우리는 감정에 이끌린다·30 /

물고기 삼국지·32 / Nothing New·35 / 창의적이길 거부한다·37 /

소설 데미안과 소설 에바·39 / 진심을 전하는 것이 오히려 그 반대의 것을 알게 한다·40 /

독자와의 대화·41 / 거만한 작가들이 좋다·42 / 배우들의 연기가 좋았어·44 /

노자의 도덕경·46 / 나의 선생님께·47 / 달콤한 케이크·48 /

우리는 모두 같은 사슴을 쫓고있다·50 / 시란 무엇인가?·51 / 안녕 데미안이야·53 /

패배, 나의 패배여·55 / 야유할때 떠나라·59 /

사람들은 가르칠 수 없는 것을 가르치려 한다·61 /

어린왕자를 새로 쓴 어느 한국작가의 소설을 읽고·64 /

영화 곡성을 보고·66 / 책을 읽는 이유가 다른 것이야·69 / 장경오훼·71 /

아름답다는 외침·72 / 타자를 발명한 줄 알았다·74 / 시·76 /

더 높이 올라갈수록 더 작아보인다·77 / 중재자와 옹호자·78 / 글쓰기·82 /

철학적?·81 / 날개가 없음을 인정하라·83 / 교재 '킬넓'에 관하여·85 /

모든 이야기가 제겐 절정입니다.·87 / 행복에 관하여·89 /

소설 '꽃들에게 희망을'을 읽고·90 / 꿈에 책임을 져야 한다·92 / 스파이·93 /

날 질투하나? · 95 / 클래식에 관하여 · 96 / 깊이에의 강요 · 98 / 이류 미술관 · 100 /

2014 가정통신문 · 102 / 홍콩 · 104 / 가후전 · 105 / 네가 없는 것을 · 107 / 완벽하게 안 완벽한 · 108 /

노아의 방주 · 109 / 부르마불 · 111 / 나는 속았다 · 112 / 원장님 화장실 좀 다녀올게요 · 114 /

용가리 1 · 116 / 용가리 2 · 117 / 소설을 출간하는 이유 · 118 / 넌 · 119 /

확증 편향에 사로잡혔다 · 120 / 거만에 관하여 · 123 / 정아에게 · 125 / 작가의 것이 아니다 · 127 /

무슨 엉뚱한 생각을 하면서 살았기에 · 128 / 노래방에서 · 129 / 예술가 · 130 / 앵무새 · 131 /

영화 '신의 한 수'를 보고 · 132 / 사람의 아들 · 133 /

어릴 때 쓴 단편소설을 보여줄게. 가볍게 읽어줘. 소설이야. 소설. · 135 /

수학시간 · 144 / 그냥 옆에 있어 줄 수는 있다 · 145 / 트랜센던스 그리고 뎀마 · 146 /

오 나의 선장님 · 148 / 일상으로의 초대 · 151 / 주몽놀이 1 · 153 / 주몽놀이 2 · 155 /

총싸움이 만들어내는 영웅의 한계 · 157 / 2일과 2년 · 159 /

소설 데미안을 좋아하는 이들 · 163 / 이순신의 죽음 · 165 / 애플 · 166 /

예멘 난민 · 171 / 웅록이와의 대화 · 174 / 2019 가정통신문 쉬샤오둥 · 176 /

영화 '관상'을 보고 · 180 / 한글날 · 181 / 바람의 방향을 바꿀 수는 없다 · 182 /

고개를 돌리지 않는 코치 · 183 / 영화 '생팀'을 보고 · 185 / 우물 안 청개구리 · 186 /

맥아더의 능력치 · 187 / 햇살이 눈부셔 방아쇠를 당겼다 · 190 /

프로메테우스를 위하여 · 192 / 호소력의 본질 · 193 / 세상이 만드는 영웅과 악마 · 194 /

2017 가정통신문 · 196 / 2022 가정통신문 · 199

시인을 조롱하는 시를 쓰는 너

지식의 불필요를
새로운 지식으로 배우고
논술의 부당성을 논술하고
시인을 조롱하는 시를 쓰는 너
쓸데없는 생각에 빠지지 말자는 순간
이미 무한한 자신만의 세계에 빠져들고 있지
귀찮게 신경 쓰지 말고
그냥 인정하렴
그게 바로 너야.
반갑다
너 나랑 눈맞았어…

내가 쓰는 글은

나도 알고 있어… "조지훈"이란 시인이… 그의 시 '승무'를 쓰기 위해
300번이 넘도록 고쳐 썼다는 것을…
온갖 토속적이면서 아름다운 우리말 표현으로 가득한…
"혼불"이란 소설도 참 대단하지…
…
그러나 내가 쓰는 글들은 그런 아름다운 글들과는 거리가 멀다…
굳이 그런 아름다운 글을 쓰고 싶은 마음도 없고…
좀 더 솔직한 나를 표현하기 위해…
"글"이라는 수단을 이용할 뿐이지…
좀 더 멋진 글을 쓰고 싶은 것이 아니거든…
세련되지 않은… 내 글이
미를 중요시하는 너에게 못마땅해 보일 수 있지…
이것은 글도 아니라 생각할 수 있겠고…
그러나… 나로선 어쩔 수가 없군…
음… 그냥… 다른 것이라고 이해해 주면 안 될까?
하하하

조삼모사(朝三暮四)

아침에 세 개 주고 저녁에 네 개 준다는 말에 화를 내다

아침에 네 개 주고 저녁에 세 개 준다고 하니 좋아하는 원숭이…

헌데…

안만 생각해 봐도…

조롱할 일이 아니라 부러워해야 할 일이 아닌가?

어차피 7개가 정해져 있는 것이라면…

단지 순서를 바꾸는 것만으로 행복할 수 있다는 것에 대해…

버나드 쇼와는 친구가 될 수 있다

문학이 좋아서 문학을 배웠지만

한편으로는

문학을 배운다는 것 그 자체가 참 아이러니한 일이라고 종종 생각했다.

아무리 생각해도…

글을 쓰는 작가와…

그의 작품을 가르치는 교수의 입장은 너무나 다르지 않은가?

자신이 쓴 작품이 하나도 없는…

단지 유명한 작가의 몇 작품을 번역한 경험을 가진 교수들이…

도대체 무슨 자격으로 문학을 가르치는 것일까?

좀 더 노골적으로 말해볼까?

축구 해설은 보통 축구 선수 출신들이 한다.

스타크래프트도 마찬가지이고…

격투기도 마찬가지이고…

학문의 분야에서도 마찬가지로…

경제 전문가들이, 방송인들이… 연구원들이…

그들의 학교로 돌아와서 교수가 된다…

헌데 말이야…

작가가 학교로 돌아가서 교수가 되는 일이 있나?

설령 있다 하더라도 과연 얼마나?

문학을 가르치는 교수들이…

그 작가의 모든 것을 알고 있는 듯한 자세로

작품을 분석하는 모습이

나는 종종…

너무나 거만해 보이고 그래서 거북해 보였다.

"행할 수 있는 자는 행하고 행할 수 없는 자는 가르친다"라는 버나드 쇼의 말은…

어쩜 그도 나와 같은 생각을 하는 것이 아닐까?

문학을 가르치고 공식적으로 평가하는 것에 대한 강한 거부감이 아닐까?

그래서 그는 아마… 이런 말도 했지…

"노벨이 다이너마이트를 만든 것은 용서할 수 있으나,

그가 노벨 문학상을 만든 것 그것은 악마나 할 수 있는 일이다."

음…

노벨 문학상 후보로 올랐다 떨어진 "고은" 시인은

그의 탈락에 대해서 과연 어떻게 생각하고 있을까?

스티븐잡스

Your time is limited, so don't waste it living someone else's life. Don't be trapped by dogma — which is living with the results of other people's thinking. Don't let the noise of others' opinions drown out your own inner voice. And most important, have the courage to follow your heart and intuition. They somehow already know what you truly want to become. Everything else is secondary.
너의 시간은 제한되어 있다. 그러니 이를 다른 사람들의 삶을 살아가며 낭비하지 마라. 신조에 갇히지 마라. 이것은 다른 사람들의 생각의 결과를 가지고 삶을 살아가는 것이다. 다른 사람들의 의견이 네 자신의 내면의 목소리를 잠식하게 하지 마라. 너의 마음과 직관을 따르는 용기를 가져라. 그것들은 이미 네가 정말로 되기를 원하는 것을 알고 있다. 그 외에 모든 것은 부수적인 것이다.

스티븐 잡스가 스탠퍼드 대학교 졸업식에서 한 연설문이라고 했던가? 이거 정말 웃긴 말이 아닌가… 이는 즉… 남의 생각과 신조에 얽매이지 말고 자신만의 생각을 갖고 살아가란 이야기인데… 이 말 자체가 스티브 잡스의 신조이고 그렇다면…
이 말을 듣고 공감하는 자체가 스티븐 잡스가 하지 말라는 것 아닌가?
왜 이렇게 쓸데없는 말을 하는 것이지? 자신의 말에 귀를 기울이는 학생들을 놀리고 싶었나?

단테의 신곡

자신의 소설의 주인공이 자신인 것 자체가 참 웃긴 일이 아닌가 싶은데…

뭐 그 정도야… 현실감을 좀 더 살리기 위함이라 하더라도…

어마어마한 축복을 받아…

천국과 지옥을 오고가며…

자신과 다른 이교도의 신과 영웅들을 평가하는…

소설 속 단테와

소설 밖 단테의 모습은…

참으로 거만함의 극치가 아닌가?

상처입은 치유자

One of the most important things on the part of the teacher is a willingness to show some humility, to reveal her struggles, and to attempt to make her life and her message congruent. She doesn't have to be perfect, but she'll be a better teacher if she is using her own life as a laboratory for her ideals and methods. The most superb teachers are the "wounded healers"—the ones whose wisdom is tested in reality. Good teachers are always learning themselves, adapting what they know to a world that keeps changing. There's nothing worse than listening to someone who has polished a personal growth speech or a spiritual sermon that remains static over the years. While religious or academic training, degrees, books, and previous teaching positions are credentials that may indicate a highly trained teacher or therapist, equally important are the ways in which this person continually tests her knowledge in the world around her.

교사가 하는 가장 중요한 것들 중 하나는 기꺼이 약간의 겸손을 보여주고, 자신의 노력을 드러내고, 그리고 자신의 생활과 자신의 메시지를 일치시키려고 시도하는 마음이다. 교사는 완벽할 필요는 없지만, 자신의 삶을 자신의 이상과 방법을 위한 실험실로 사용한다면 더 좋은 교사가 될 것이다. 가장 훌륭한 교사는 '상처받은 치유자' 즉 현실에서 그의 지혜가 검증된 자이다. 좋은 교사는 계속해서 변화하는 세상에 맞게 자신이 알고 있는 것을 조정하면서 항상 스스로 배운다. 수년간 고정된 채로 남아 있는 개인 성장 연설이나 영적인 설교를 세련되게 다듬어서 만든 사람의 말을 귀 기울여 듣는 것보다 더 나쁜 것은 없다. 종교적인 혹은 학문적인 훈련, 학위, 서적, 그리고 과거의 교직이 고도로 훈련된 교사 혹은 치료사임을 보여줄 수 있는 증명서이지만, 그에 못지않게 중요한 것은 이 사람이 계속해서 자기 주변의 세상에서 자신의 지식을 검증하는 방식이다.

다시 한번 설명해 봐라… 가장 훌륭한 교사는 상처 입은 치유자라는 말이 무슨 의미이냐? 음… 너희들 말이 그다지 맘에 들지 않네… 틀렸다는 것이 아니라 내가 듣고 싶은 말과 거리가 있어서… 잠시만 내 옛날이야기를 해볼게. 고등학생이던 시절 윤리를 담당하시는 젊은 선생님이 있었다. 애들이 별로 좋아하지 않았다.

이유는, 설명을 너무 어렵게 한다고 시험과 관계없는 이야기가 많다고. 그러나 난 그 선생님의 말 한마디 한마디를 놓치지 않으려 애썼다. 다시 그 이유는 선생님이 강의하시는 동양과 서양의 사상들, 칸트, 헤겔, 실존주의 등의 이야기들이 그리고 그 말들을 건네는 선생님의 눈과 말투 그리고 몸짓이 그가 단지 지식을 전달하는 것이 아니라 젊은 시절 자신의 고뇌와 방황을 호소하는 것처럼 들렸기 때문이다.

단지 교과서를 읽을 뿐이면서 잘난척하는 지루한 선생들 중에서 그 선생님은 혼자 빛이 났다. 나에겐 참 소중한 추억이다.

너희는 어떠냐? 너희는 '상처 입은 치유자'를 갖고 있는가? 마치 신과 같은 전지전능함으로, 그러나 실전에서는 전혀 통하지 않을 문제 풀이 스킬들을 이야기하며 가짜 만병통치약을 파는 떠버리 약장수 같은 그런 선생들 말고.

자신의 경험을 바탕으로 너희에게 새로운 것을 생각하게 하는, 그래서 그들의 말에 귀를 기울이게 하는 '상처 입은 치유자'를 너희는 단 한 사람이라도 알고 있는가?

피아노의 숲

만화 피아노의 숲에서…

숲속에 버려진 피아노를 치며, 즐겁게 노는

카이란 소년이 있어.

한때 유명한 피아니스트의 피아노였지만…

오래전에 숲속에 버려진 그 낡은 피아노는

아무나 쉽게 칠 수 있는 것이 아니었지.

그러나 카이란 그 소년은, 아무도 없는 그 조용한 숲에서

그 피아노로 너무나 아름다운 소리를 만들어 내는 거야.

그리고…

그 재능을 발견한 친구와 선생님으로 인해

그는 숲에서 벗어나

많은 사람들이 모여있는 콩쿠르 경연장에서

그의 솜씨를 뽐내게 된단다.

그리고 그 강당 안에 있는 모든 사람들을 매혹하게 되지…

모든 선수들이 정해진 악보로 똑같은 연주를 하건만

그의 연주는 너무나 틀렸어.

단지 피아노를 잘 친다는 것이 아니라,

쉽게 표현 할 수 없는 마력을 가진…

피아노를 모르는 이들마저도 멍하니 환상 속에 잠기게 만드는…

그러한 것이었던 거야.

그러나 그는 아무런 상도 받지 못했단다.

악보에 주어진, 음정과 박자를

협회가 정한 규칙을

너무나 무시했다는 것이야…

무엇을 위한 음정과 박자일까?

누구를 위한 규칙인가?

안녕… 오랜만이네…

내게도 재주가 있다면, 혹시 생긴다면

난… 너에게 내 이야기를 들려주고 싶어.

카이가 피아노를 치는 것처럼 말이야.

그 누구도 인정해 주지 않고, 조롱한다 할 지라도 상관없어.

유치하단 소리… 무식하단 소리를 들어도 좋아.

너의 관심을 끌었고…

내가 이렇게 즐거우니까.

가치 안에서 비 가치를 보는 순간

It is a fundamental mistake to imagine that when we see the nonvalue in a value or the untruth in a truth, the value or the truth ceases to exist. It has only become relative. Everything human is relative, because everything rests on an inner polarity; for everything is a phenomenon of energy. Energy necessarily depends on a pre-existing polarity, without which there could be no energy. There must always be high and low, hot and cold, etc. so that the equilibrating process — which is energy — can take place. Therefore the tendency to deny all previous values in favor of their opposites is just . And in so far as it is a question of rejecting universally accepted and indubitable values, the result is a fatal loss.

선생님 앞에 이 문제 여섯 번을 읽었는데도 도저히 무슨 말인지 모르겠습니다. 맨 앞에 문장부터 무슨 말을 하고 싶은 것인가요?

It is a fundamental mistake to imagine that when we see the non-value in a value or the untruth in a truth, the value or the truth ceases to exist.
가치 안에서 비가치를 보고 진실 안에서 비진실을 볼 때 그 가치와 진실이 존재하는 것을 그만둔다고 생각하는 것은 근본적인 실수다.

이게 대체 무슨 말인가요?

음 어려운 문장인가?

쉽게 생각해 보자…

예를 들어 가정으로 일단 너는 나를 존경한다.

너는 나를 진실되게 여기고 내 말에 귀를 기울인다.

그런데 어느 날 술에 취해 길에서 수영을 하는 나를 보게 된다.

넌 실망을 하겠지. '내가 이런 사람을 존경했었나' 하는 생각이 들 수도 있고.

그러나 내가 술 마시고 망나니가 되는 것과

수업 시간에 너에게 이야기를 하는 내 모습에서

존경심을 갖게 되는 것은 별개의 일 아니냐?

실망과는 별개로, 넌 여전히 내게 존경심을 갖고 있어야지.

살다 보면… 당황스러워 어찌해야 할지 모르는 순간이 참 많긴 하지만…

그중에서도 특히 당황스러울 때는…

누군가에게 '너에게 실망했다'는…

이야길 들을 때가 아닌가 싶다.

그 순간

해줄 수 있는 말은 아무것도 없다…

단지 빤히 그를 바라보며 생각에 잠긴다.

내가 언제 이 사람에 좋아해 달란 혹은 기대해 달란 이야기를…

건넨 적이 있었던가 하는…

하하하

헤르만 헤세의 '환상동화집' 중에서

음 갑자기 너희들에게 말해주고 싶은 이야기가 떠올랐다. 잠깐만 귀를 기울여 봐 책을 소개하는 것만으로는 성에 차지 않을 것 같다. '헤르만 헤세'의 환상동화집에서 읽은 내용이야.

어느 마을에 시인이 되고 싶은 청년이 있었다. 많은 이들이 그의 글을 좋아하고 칭찬했지. 그러나 시에 대한 열망이 간절했던 그는 스스로에게 부족함을 느꼈다. 그런데 어느 날 그의 앞에 한 낯선 노인이 나타나서 그에게 시를 낭송한다.
청년은 깜짝 놀랐지. 그 시들은 젊은이가 느꼈던 것들을 너무나 완전하고 아름다운 언어로 표현해 놓은 것이었거든. 청년은 가족과 약혼녀… 모두를 뿌리치고 노인을 따라간다. 노인은 청년에게 음악을 들려주고 악기를 가르쳤다. 그리고 그러는 동안 청년은 자신이 배웠던 모든 것을 서서히 잊어버리게 되고 새로운 감상에 빠져들게 된다.
2년이 지난 뒤 그는 갑자기 고향에 두고 온 약혼녀와 가족들이 너무나 궁금했다. 그래서 노인에게 고향에 다녀오겠다고 부탁을 했지. 그러자 노인이 말한다. "자네는 자유로운 몸일세. 어디든 원하는 데로 갈 수 있지. 다시 돌아올 수도 있고, 아주 가버려도 돼. 자네 마음대로 하게나."
그러나 청년이 몰래 기어 들어가서 본 마을의 모습과 약혼녀의 모습은 청년이 향수에 젖어 머릿속에 그렸던 영상과는 차이가 있었다. 청 년은 자신이 시인으로 태어났음을 느끼게 되었지. 그래서 다시 노인에게 돌아갔다.
청년은 다시 새로운 음악을 듣고, 새로운 악기를 연주했다. 그리고 다시 몇년의 세월이 홀러 청년에게 두 번째 향수병이 찾아왔지.

그는 꿈을 꾸었다. 자신의 아내와 아이들과 함께 나무를 심고 있는 모습을… 꿈에서 깬 청년은 옆에서 자고 있는 노인을 바라본다. 그리고 그 순간 그는 분노의 감정을 느끼게 되지. 마치 그 노인이 자신이 인생을 파괴하고 기만한 듯한 생각이 그를 사로잡았다. 순간적으로 청년은 노인을 죽여버리고 싶은 마음마저 갖게 된다.

그 모습이 막 잠에서 깨어난 노인의 눈에 들어왔다. 노인이 말하지.

"잊지 말게. 자네는 자유야. 고향으로 돌아가도 되고 나를 증오해서 때려죽여도 되네. 그건 별로 중요하지 않아."

청년은 제가 어찌 스승님을 증오할 수 있겠냐고 울부짖었다. 그리고 다시 새로운 악기를 배우고 새로운 영감을 느끼고 사람의 영혼을 뒤흔들어 놓는 시를 썼지. 그리고 어느 날 노인은 사라져 버린다. 마치 처음부터… 이제 노인이 되어버린 청년 혼자만이 원래부터 있었던 것처럼 모든 것이 사라졌다.

그는 마을에 돌아왔다. 그러나 자신의 가족들과 약혼녀는 모두 죽어버린 뒤였지. 그의 집엔 낯선 이들이 살고 있었다. 강물 어귀에서 열리는 축제를 바라보며 그는 악기를 연주하기 시작했다. 그러자 몇몇의 여인들이 그에게 다가왔지 그리고 말한다.

"이처럼 아름다운 연주는 아직까지 들어본 적이 없습니다."

노인이 돼버린 청년은 미소를 지었다. 그런데 그 순간 그는 알게 되었지. 지금 여인들과 함께하는 그 자리가 옛날 자신이 노인을 만났던 그 순간과 아무런 차이가 없다는 것을… 어때? 재미있니? 아무런 느낌이 없을 수도 있겠지. 그러나 앞에서 말했듯, 갑자기 이 이야기를 너에게 전하고 싶었다.

언젠가 내 모든 것이 너에게 다르게 보이는 순간이 찾아올 때 단 한 번만이라도…
너에게 이야기를 들려주는 지금 내 모습을 기억해 줘. 너는 자유롭고, 네가 원하는 것을 할 수 있다. 너와 난 처음부터 아무런 상관이 없는 것이야.

너 때문이야

Why do I stand up here? I stand upon my desk to remind yourself that we must constantly look at things in a different way.
왜 내가 여기에 서 있는가? 나는 너희들에게 우리가 항상 다른 면에서 사물을 바라봐야 한다는 것을 상기시키기 위해 이 책상 위에 서 있다.
- 영화 죽은 시인의 사회 중에서

제대하고 복학해서
문학 수업을 듣고 있었다.
'Rose for Emily'란 작품이었지.
앞에서 교수님이 읽고 해석해 주시더니..
무작위로… 학생들에게 소감을 묻는다.
복학하고 친하게 된 한 친구가 이름이 불렸지.
그러나 앞에서 재밌었다는… 인상적이었다는… 여러 학생들의 이야기와 달리…
그 녀석은 당당하게 교수님께 말했다.
"재미없습니다. 예측 가능한 대로 사건이 흘러가는 진부한 이야기입니다."

헌데 웃긴 것이… 이야기가 이렇게 흐르면… 이런 뒤는 발표가 나오면…
교수님이 '왜 그렇게 생각하느냐?'를 물을 법도 하고…
친구가 스스로 구체적으로 그 재미 없는 이유를 설명할 법도 한데…
어이없게도 거기서 끝이었다.

교수님은 그저 그러냐는 식으로… 다음 학생을 지목했지.

수업을 마치고, 난 가까스로 웃음을 참으며 벤치에서 친구에게 말했다.

"너 아까 진짜 웃겼다."

그러자 친구가 그러더군.

"너 때문이야."

의아해하는 내 표정을 보며 친구가 계속해서 말했다.

"난 교수님께 한 소리 듣는 것보다… 너한테…

틀에 박힌 소리만 하고 있다고 조롱받는 것이 더 겁나."

…

나는 더 이상 웃을 수가 없었다…

지성인

To me, being an intellectual doesn't mean knowing about intellectual issues; it means taking pleasure in them.

지적인 이슈에 관해서 알고있다는 것이 그 사람을 지적으로 만드는 것이 아니다. 그 이슈들에 관해 즐거움을 갖는 것이 그를 지적으로 만든다.

군대를 갓 제대하고 바로 복학해서 '영미 수필'이란 과목을 들었다. 매주 원문으로 된 수필을 읽고 영문으로 요약해서 리포트를 제출하고 수업 시간에 그것을 영어로 토론하는 정말 빡센 수업지. 나는 출석률도 좋지 않고… 수업 시간엔 발표 한번 안 하고… 리포트는 대충 쓰고…

그러던 어느 날… "지성인이란 무엇인가?"란 수필을 가지고 토론이 시작되었다. 한창 토론이 진행되던 중… 갑자기 교수님이 말씀하셨지… "지금 이 자리에서, 자기가 지성인이라고 생각하고, 왜 자기가 지성인이라고 생각하는지 논리적으로 설명할 수 있는 사람은 A 학점 준다." 물론… 손드는 사람은 아무도 없었다. 조용했지… 누가 자신을 지성인이라고 손을 들겠니? 근데… 학점에 눈이 먼… 내가 갑자기 손을 번쩍 들었지. 그리고 말했다.

"저는 새로운 것을 알아 간다는 것에 대해, 강한 열의와 기쁨을 가지고 있습니다. 그러나 저는 자신이 느끼지도 못하는 말들을 하며, 자신에게 고상한 척하지 않습니다. 저는 제가 모르는 것에 대해서 모른다고 말할 수 있습니다. 저는 그림을 감상할 때, 혹은 소설을 읽을 때 제게 인상 깊게 와 닿은 것을 좋아한다고 말할 뿐, 작가의 명성에 기대어 작품을 평가하진 않습니다. 그러므로 저는 지성인입니다."
…

강의실이 조용해졌다… 교수님도 당황하신 것 같았지… 다음 시간… 수업 시간에 있었던 일을 토대로 제출하는 학생들의 리포트엔 나를 비난하는 내용이 가득했지. 공자 맹자 예를 들며, 벼는 익을수록 고개를 숙인다는 말과 함께 자신을 지성인이라고 말하는 이는 진정한 지성인이 아니라는 등… 또 교수님이 토론을 붙였다…
날 향한 학우들의 열띤 발표를 듣고… 마지막으로 내게 답변을 할 기회가 주어졌지. 그러나 특별히 할 말이 없었다. 하고 싶은 말들은 지난 시간에 이미 다 했기 때문에… 학우들의 의견을 반박하고 싶지도 않았다. 그러고 싶은 관심 자체가 없었던 것이야… 그래서 말했지.

"좋은 말들 감사합니다. 그렇지만 너무 신경 쓰지 마세요. 그저… 세상에 존재하는 다양한 인간들 중, 이런 놈도 있구나 하고 이해해 주시면 감사하겠습니다."
…

그래도 참 좋았다.
교수님이 약속을 지켜줬거든.

정파와 사파

People who have a high sense of self-efficacy tend to pursue challenging goals that may be outside the reach of the average person. People with a strong sense of selfefficacy, therefore, may be more willing to step outside the culturally prescribed behaviors to attempt tasks or goals for which success is viewed as improbable by the majority of social actors in a setting.

높은 자기 효능감을 가진 사람들은 보통의 사람이 닿을 수 없는 도전적인 목표들을 추구하는 경향이 있다. 따라서, 강한 자기 효능감을 가진 사람들은 어떠한 상황에서 대부분의 사회적 행동자들에게 성공하는 것이 불가능하다고 보여지는 업무나 목표를 시도하기 위해 문화적으로 규정된 행동들 밖으로 기꺼이 걸음을 내딛는 경향이 있다.

영화, 드라마, 소설 등의 이야기에는 갈등이 있게 마련이다. 남녀 간의 갈등, 국가 간의 갈등, 종교 간의 갈등, 형제간의 갈등, 기업 간의 갈등 그 수많은 갈등 중에서 참 흥미 있는 것 중 하나가 중국 무협지에서 자주 나오는 정파와 사파간의 갈등이다.

양쪽 모두 최고의 무공을 얻기 위함이라는 같은 목적을 가지고 있지만 그 둘은 그 방법에 차이가 있다. 정파는 옛 선배들이 연구하고 닦아놓아 검증된 길을 따라가며 꾸준히 수련을 하는 반면 사파는 자신의 능력보다 더 큰 욕심을 부리며 자신만의 방법을 찾기 위해 때로는 자신의 생명까지 내걸고 새로운 실험을 한다.

그 모습에 경의를 표할 수도 있으련만, 무협지에서 이러한 소수의 사파는 다수의 정파에게 혐오의 대상이 된다. 특별히 그들에게 피해를 입힌 것도 없지만 정파는 사파를 사회에서 없어져야 하는 타도의 대상으로 여긴다.

사파의 인생은 누구도 넘볼 수 없는 최고의 자리에 오르든가 아님 조용히 사라지던가 둘 중 하나겠지… 넌 어떤 삶이 맘에 드니?

논술 제도의 부당성

Is value neutrality possible? Many sociologists believe it is impossible to set aside personal values and retain complete objectivity. They caution readers, rather, to understand that sociological studies may, by necessity, contain a certain amount of value bias.

가치 중립성이 가능할까? 많은 사회학자들은 개인적인 가치를 제쳐두고 완전한 객관성을 유지하는 것은 불가능하다고 믿는다. 그들은 독자들에게 사회학적 연구가 필연적으로 어느 정도의 가치 편향을 포함할 수 있다는 것을 이해하도록 경고한다.

갑자기 맘 아픈 일이 떠오르네. 너희 나이 때였다. 그때도 논술 붐이 있어서 매주 논술을 연습하는 시간이 있었다. 그때나 지금이나 나는 그 시간을 이해하기 힘들었다. 우선 내가 관심도 없고 생각지도 않았던 주제에 억지로 생각을 짜내야 하는 것이 싫었고 누가 내 글의 논리를 함부로 평가한다는 것도 이해 가지 않았다.
사람들이 가지고 있는, 확증 편견, 선험적 지식들이 그 글을 논리적으로 받아들이게 하는 데 영향을 미치기 마련이지 않겠니?

간단히 예를 들어 내가 지금의 대통령을 비난하는 글을 썼는데 그 글을 읽는 읽는 네가 그 대통령의 열렬한 팬이라면 내 글을 논리적으로 보기 어렵지 않을까?
누군가는 "논리는 그런 것이 아니다"라는 말로 대답하는데… 잘 와닿지 않는다. 그래서 고등학교 2학년 당시의 나는 논술 시간에 제대로 글을 쓴 적이 없다. 그런데 어느 날 선생님이 말했다.

"오늘 주제는 자유다. 너희들이 쓰고 싶은 주제에 대해서 마음껏 써라."

처음으로 논술시간에 펜을 들었다. 그리고 신나게 글을 쓰기 시작했다. 제목은 "논술제도의 부당성".

선생님한테 제대로 찍혔지. 지금도 날 무섭게 노려보던 선생님의 눈이 기억이 난다. 다른 이들은 모두 선생님이 첨삭한 자신의 글을 돌려받았지만 나는 내가 쓴 글을 돌려받지도 못했다. 나는 내 나름대로 참 논리적으로 글을 썼고 내 글의 논리가 선생님께 어떻게 평가되는지 참 궁금했는데 말이야. 하하하

우리는 감정에 이끌린다

Even those decisions which, we believe, are shaped by rationality or logical principles about what is right or good are in fact more often triggered by a gut emotional response. We tell ourselves that such decisions aren't driven by our emotions, and that we are relying on the mind's most sophisticated reasoning processes, but research shows that we are very good at coming up with "sophisticated" reasons to justify what we want to think, and what we want to think is almost always shaped by how we feel.

우리가 믿기에 무엇이 옳고 좋은 것인지에 대한 합리성과 논리적 원칙에 근거해 형성된 결정들조차, 사실상 감정적인 반응에 의해서 유발된다. 우리는 우리 자신에게 그러한 결정들이 우리의 감정에 의해서 만들어진 것이 아니라, 우리 마음의 가장 정교한 추론 과정에서 나온 것이라 말한다. 그러나 연구는, 생각하길 원하는 것을 정당화할 세련된 이유를 고안하는 데 우리가 능숙하다는 것을 보여준다. 그리고 우리가 생각하길 원하는 것은 거의 항상 우리가 어떻게 느끼는지에 의해 형성된다.

어릴 적에 좋아했던 미국 시트콤 드라마 혹시 너희 중에 아는 학생이 있는지 모르겠지만 아마도 너희 부모님들이 좋아했을 드라마가 있다. '프렌즈'라는… 남자 셋 여자 셋이 이웃으로 살며 벌어지는 이야기를 담고 있지. 그 여섯 명의 주인공들 중에서 '로스'와 '레이첼'의 남녀 간의 갈등 관계는 방송에서 가장 많이 다뤄지는 소재중 하나였다.

그 둘은 여러 이야기 속에서 만나고 헤어짐을 반복한다. 한번은 같은 전공 수업에서 만난 한 중국 여인과 사귀고 있던 로스에게 레이첼이 자신이 그를 좋아하고 있음을 고백한다.

삼각관계의 주인공이 된 로스는 그 둘 사이에서 뚜렷하게 결정을 내리지 못하고, 그를 보며 친구 '조이'와 '챈들러'가 그에게 각 여인의 장단점을 말해보라는 제안을 한다. 제안을 받아들인 로스가 이야기를 시작하고, 챈들러는 컴퓨터 앞에 앉아 그 내용을 하나하나 기록한다. 먼저, 레이첼의 장점… 음… 신중히 생각하지만 특별히 나오는 말이 없다. 다음, 레이첼의 단점… 정말 끊임없이 나온다. 고집 세고 화 잘 내고, 멍청하고, 웨이트리스에 불과하다는 등등…

이번엔… 새로 사귄 그 중국계 여인의 장점… 정말 다양하게 나온다. 착하고, 예쁘고, 자기와 같은 전공으로 똑똑하고, 이야기도 잘 통하고… 그리고… 마지막으로… 새로 사귄 그 여인의 단점을 말하는 시간… 로스는 한참을 망설인다.

…

그리고 멍한 표정으로… 단지 한 마디로… 그 여인의 단점을 표현한다.

"She is not RACHEL."

로스는 레이첼을 향해 뛰어간다.

물고기 삼국지

꾸미는 것은 사람이되 이루는 것은 하늘이다…
- 나관중의 삼국지 중에서

4년 동안 학원 인테리어에 너무나 투자한 것이 없는 것 같아서…
학원을 좀 더 세련되게 보이게 하려고
벽면에 수족관을 설치했다.
다른 물고기에 비해 빠르게 거대해지는 두 개의 물고기가 있어
시커멓고 눈이 튀어나온 녀석을 동탁이라 이름 지었다.
비늘까지 온몸이 노란 녀석을 금 마초라 이름 지었다.
세 명의 물고기가 매일같이 신기하게 같이 다니길래
그들을 유비 관우 장비라 부른다.
동탁과 같은 종, 그러니깐 빠르게 성장할 것이 확실한 두 마리의 새로운 물고기를
그중 큰 놈을 조조
그중 작은 놈을 조비로 이름 붙였다.
작은 놈들 중 회색 줄무늬에 눈이 커서 자신의 뒤까지
쉽게 볼 수 있을 것 같은 녀석은
사마의로 부르기로 했다.
항상 숨어있어서 한 달에 한 번 보기도 어려운 물고기는
제갈량이라 부른다.
그 외, 비슷비슷한 생김새에 떼를 지어 다니는 하얀 물고기들은

백성들이라 한다.

마치 정말로 삼국지를 보는 것처럼

수족관에서는 치열하게 전투가 벌어지고

어제까지 보이던 물고기가 갑자기 사라진다.

매번의 전투에서 조금씩 조금씩

지느러미를 뜯기는 물고기들은 서서히 추진력을 잃고 죽음을 맞이한다.

어둠 속에서 한번 동탁이 마초를 공격하면

다시 마초가 뒤에서 동탁의 꼬리를 쫓는다.

그리고 어느 날… 비늘이 잘려 나가 비틀대는 모습을 보이더니…

동탁과 세력을 양분했던 금마초가 죽었다.

그 뒤 한 달의 세월이 지나

동탁은 더욱 몸집이 커져 수족관의 폭군이 되었고

요즘에는 다시 조조를 쫓고 있다.

소라껍데기 속에 숨어 지내던 조비는 어느 날 갑자기 살해당했다.

종종 조조에게 쫓기던 모습을 보였기에 그가 범인임을 짐작할 뿐이다.

오늘 나는… 다시 여기저기를 헤집고 다니는 폭군 동탁을 보며

수족관의 평화를 위해 저 녀석을 수족관에서 없앨까 생각해 보다…

이들의 세계에 함부로 개입하는 것은 잘못이라는 생각에 그만두기로 하고…

그래도 그 동탁이 얄미워서…

동탁에게서 가장 먼 쪽으로 그들의 먹이를 뿌린다.

어쩜 나는… 이 물고기들의 삼국지에서

그들의 기도를 들어줄 수 있는 신의 역할을 하고 있는 것이 아닌가?

저들은 이 수족관에서 투쟁하고, 탐험하고, 기도하며

그들의 수족관의 광활함을 이야기하고 있는 것은 아닌가?

Nothing New

헤세라는 작가를 처음 알게 되었을 때 나는 화가 났다.
내 고민들이, 날 힘들게 한 것이 사실이지만
나는 그것이 나만의 것이라 생각하며 긍지를 갖고 있었는데
헤세라는… 오래전 구닥다리 사람이 갖고 있던 것에 불과하다니…
물론 대문호라 칭해지는 이와 생각이 같았다는 것이 영광스럽기도 했지만
그것은 내가 받은 상처에 비할 바가 아니다.
이 상처는 쇼펜하우어를 만나 더욱 커졌다.
쇼펜하우어 역시 이전의 누군가 때문에 나와 같은 상처를 갖고 있는 것이었다.
그는 그러한 생각이 책에서가 아니라
자신만의 경험에 의해 나왔을 때만이 진정한 가치가 있는 것이라며
스스로를 위로한다.
그러나 나에겐 위로가 되지 않았다.
더욱 큰 상처를 남겼을 뿐…
아무것도, 내가 이룰 수 있는 것.
내가 쓸 수 있는 것은 아무것도 없구나 하는 생각을 하게 되었다.
그리고… 이 생각마저 샤르트르에 의해 이미 쓰여있었다.
그는 그의 작품인 '구토'에서 이런 말을 한다.
'새로운 것은 없다. 당신이 아는 모든 것은 이미 이전의 누군가에 의해 씌여져 있다.'
하하하
지금의 나는 그 무엇도 나의 것이 아니지만

오직 나만의 것이란 착각 속에 즐거워한다.

참… 참고로 이 말은 헤세의 시 "나는 이런 시인에 불과하다"에 나오는 말이다.

창의적이길 거부한다

korea's education system often draws praise from world leaders, U.S. President Barack Obama bei ng one of them.
한국의 교육 시스템은 종종 세계 리더들로부터 칭찬을 이끌어 내었고 미국 대통령 오바마가 그중 하나다.
Obama has also called for the U.S. to look to South Korea in adopting longer school days and after -school programs for American children to help them compete globally.
오바마는 미국의 아이들이 국제적으로 경쟁하는 걸 돕기 위해, 미국이 한국을 본받아 더 오랜 수업 시간과 방과 후 프로그램을 개설하기를 요구했다.

오바마가 '우리는 한국의 교육을 본받아야 한다'라고 말을 했을 때. 한국인 모두가 당황했다. 우리는 단 한 번도 한국의 교육을 자랑스러워 한적이 없기 때문에…
강의를 하는 사람, 강의를 듣는 사람, 교재를 만드는 사람, 배운 사람, 안 배운 사람, 나이 든 사람, 어린 사람, 누구든 상관없이 우리는 모두 우리의 교육을 비난하는 데 익숙하다.
획일적 교육, 단순 암기 교육, 창의성을 말살하는 교육, 시대에 뒤떨어진 구시대적인 교육.
한국의 교육을 칭찬하는 말은 어디서도 찾을 수 없었다. 그러나 반면에 우리는 서구 선진국들의 교육을 막연히 부러워했다.

아이들을 먼저 생각하는 교육, 창의성을 기르는 교육, 미래 지향적 교육 등.

그런데 갑자기 한 사람이, 그것도 미국의 대통령이 한국의 교육을 칭찬했으니 얼마나 당황스러운 일인가.
솔직히 난 예전부터 '창의적인 교육'이란 말이 싫었다. 말은 그럴듯하지만 누구하나 그 실체를 제대로 말하지 못한다. 즉 '어떻게 가르쳐야 학생들을 창의적으로 만들 수 있는지'에 대한 실체가 없다. 그저, 학생들에게 무엇을 가르쳐야 하는지 그 실체가 없는 이들이 자신들의 초라한 교육을 감추기 위해 씌우는 의미 없는 포장지처럼 보였다.

너희들이 대답해 봐라. 어떻게 해야 창의적인 교육인가?
마치 고양이 목에 누가 방울을 달 것인지 정하는 것처럼 그 방법을 말하기가 참으로 어렵지 않은가?
…
음… 갑자기 궁금한 것이 있다. 너희들이 학원에서 나와 수업을 시작한 지 1년이 넘는 시간이 지났는데… 자, 내 수업은 어때? 창의적 교육인가? 안 창의적이야? 뭐 창의성이란 것에 비중을 안 두니 그다지 관심은 없다. 음… 그러나 다시 한번 생각해 봐라. 4차 교육의 시대란 그럴듯한 말로 모두가 창의성을 길러야 함을 강조하는 이 시대에 나는 창의적인 학생을 기르기를 거부하니… 지금 내 모습이 얼마나 창의적인가?

소설 데미안과 소설 에바

선생님 소설에 왜 데미안이 그렇게 많이 나와요?
데미안을 봐야 볼 수 있는 책인가요?
데미안은 재미있나요?

백 명의 사람이 소설 '데미안'을 본다.
90명은 재미없다 그러고
10명은 재밌다 한다.
그러나 다시 그 열 명 중에 9명은
재미없게 보고서 재미있는 척할 뿐이다.
오직 백 명 중에 한 명만이
소설 데미안에 빠져들고
두려움마저 느낀다
그 모습은
재미없게 본 90명에겐 거북하고
재미있었던 척하고 싶은 9명에겐 동경심을 갖게 한다.
그러나 백 명 중의 한 명은
그 99명엔 관심이 없다
소설 에바는
그 백 명 중의 한 명이
또 한 명의 백 명 중의 한 명과의 만남을 이야기한다.

진심을 전하는 것이
오히려 그 반대의 것을 알게 한다

Laurence Thomas has suggested that the utility of "negative sentiments" lies in their providing a kind of guarantee of authenticity for such dispositional sentiments as love and respect. No occurrent feelings of love and respect need to be present throughout the period in which it is true that one loves or respects.

Laurence Thomas는 부정적 감정의 유용성은 그들이 사랑과 존중 같은 성향적 감정의 진실성을 보증하는 데 있다고 제안했다. 한사람이 사랑하고 존중하는 것이 사실인 기간 동안엔 이러한 사랑과 존중의 감정이 내보여질 필요가 없다.

- 2017 수능 33번 문제 중에서

말하고 있는 이는 분명 자신의 진심을 상대에게 이야기하고 있지만 그 진심은 화자 자신이 전달하고자 하는 바의 정 반대의 것을 듣는 이에게 말할 수 있다. 예를 들어 이제 여섯 살 된 아이가 아빠에게 "아빠 나 행복해"라고 말을 한다고 하자. 분명 행복을 말하는 아이의 말은 진심이지만 생각이 있는 아빠라면 그에게 이보다 더 슬픈 말도 없다.

여섯 살 아이가 행복이란 단어를 알고 이를 말할 수 있다는 것은 만약 이것이 학습된 것이 아니라 정말로 그 아이의 진심이라면 그는 이미 그 반대편에 놓인 슬픔을 알고 있다는 말이 아닌가!

독자와의 대화

당신의 글을 너무 재밌게 읽었습니다. 특히 이 글이 좋았던 이유는
굳이 잘 쓰려고 기교를 부리지 않아서입니다.

감사합니다.
간절히 말하고 싶은 것이 마음속에 있었을 뿐
글을 잘 쓰고 싶은 마음은 없었습니다.
제 이야기를 읽고
이를 알아봐 주셔서
너무나 영광입니다.

거만한 작가들이 좋다

나는 창공의 별

세상을 바라보고 세상을 조롱하며 스스로를 불태우는 나는 창공의 별

– 헤세의 시 "별" 중에서

내가 좋아하는 작가들은 저마다 글을 쓴 시대도 사상도 다른데.. 하나의 공통점을 가지고 있다… 모두 거만하다는 것이지… 그 정체를 알 수 없는 거만함… 니체는 이런 말을 한적이 있다. 내 글은 차가운 고지의 공기이다. 내 글을 읽으려면 그만한 자질을 가지고 있어야 한다. 그렇지 않으면 감기에 걸리기 쉽상이니 말이다. 얼음은 가까이에 있고 고독은 엄척나리만큼 지독하다. 물론 옆에서 친구가 이런 말하면 아마 때려주고 싶을 것이다… 그러나 적어도 자신의 글을 남기려 하는 작가라면 이정도의 긍지는 있어야 하지 않을까?

헤르만 헤세는 소설 '데미안'의 서문에서 이렇게 말한다. 누가 내 글을 읽고 12살 짜리 소년이 어떻게 이런 생각을 할까 하고 생각하는 사람들이 있을지 모른다. 그러나 나는 결코 그러한 자들을 위해 내 글을 남기는 것이 아니다. 내 글은 '인간에 대해 보다 깊이 아는자'들을 위해서 쓰여진 것이다. 인 노천명도 '노루'란 시에서 이렇게 말하잖아.

"모가지가 길어서 슬픈 짐승이여!"

영화 토탈 이클립스에서 소년 시인 '랭보'는 파리의 유명한 시인들이 모여있는 연회장의 한 테이블위에 올라가, 지팡이로 그 시인들을 향해 삿대질 하며 이렇게 말한다.

"너희들은 모두 쓰레기야."

그러나 이들이 단순히 건방지기만 한 것은 아니다. 스스로를 불태운다는 헤세의 시처럼 고독이 지독하다는 니체의 말처럼 이들은 자기 자신에게 두가지 생각을 동시에 하고 있다. '난 남들과 다르다'는 스스로의 긍지감과 '왜 나혼자만 이렇게 엉뚱할까' 하는 스스로의 자괴감을…

그런 이들을 직접 만나보는 것은 어떤 느낌일까? 자신만의 향기에 둘러싸여… 낯선 사람들 사이를 방황하는 듯한 그들의 모습을 본다는 것은…

배우들의 연기가 좋았어

Why does the "pure" acting of the movies not seem unnatural to the audience, who, after all, are accustomed in real life to people whose expression is more or less indistinct? Most people's perception in these matters is not very sharp. They are not in the habit of observing closely the play of features of their fellow men— either in real life or at the movies. They are satisfied with grasping the meaning of what they see.

왜 영화의 순수한 연기가 관중들에게 부자연스러워 보이지 않는가? 그 관중들은 현실에서 표현이 다소 불명확한 사람들에게 익숙해져 있는데 말이다. 이 문제에서 대부분의 사람들의 인식은 아주 날카롭지는 않다. 현실에서건 영화에서건, 그들은 그들의 동료들의 연기 특징을 면밀히 관찰하는 습관을 갖고 있지 않다. 그들은 단지 그들의 보는 것의 의미를 파악하는데 만족한다.

살면서 종종 듣는 이야기.
"그 영화 봤니?", "그영화 정말 재밌다."
이 말을 들을 때마다 나는 묻는다.
"무엇이 네게 그 영화를 재밌게 만들었니? 뭐가 재밌었어?"
이 질문에 대한 그들의 답으로 내가 가장 싫어하는 이야기.
"배우들의 연기가 좋았어!"
이 대답은 내게 이런 말과 같은 말로 들린다.
'영화를 봤고, 재미는 있었는데 왜 재미있었는지를 묻는다면 나도 모른다. 그냥 재미

있으니 재미있는 것이지.'

…

약간이라도 자기 자신의 마음을 파고든다면 좀 더 깊이 있는, 그래서 재미있는 대답을 할 수 있을 텐데.. 자신을 살피기 위한 그 약간의 생각도 하지 않는가? 대체 지들이 언제 그렇게 배우들의 연기를 평가했다고…

노자의 도덕경

To read people, walk beside them. As for the best leaders, the people do not notice their existence. The next best, the people honor and praise. The next, the people fear; and the next, the people hate. When the best leader's work is done the people say, 'We did it ourselves!'

사람들을 이끌기 위해서 그들 옆에서 걸어라. 최고의 지도자란, 사람들이 그들의 존재를 알아차리지 못하는 자이다. 그 다음은 사람들이 존경하고 칭찬하는 자. 그 다음은 사람들이 두려워 하는자. 그리고 그 다음은 사람들이 싫어하는 자이다. 최고의 지도자의 일이 행해졌을 때 사람들은 "우리가 이것을 우리 스스로 했다"라고 말한다.

노자의 도덕경에 나오는 말이다. 예전에 너희들한테 '요왕'의 이야기를 해 준적이 있는 것 같은데. 요왕도 비슷한 이야기를 했다. 어떻게 하는 것이 나라를 잘 다스리는가를 질문 받았을 때 그는 이렇게 이야기했지.
"백성들이 그 나라의 왕이 누구인지 모르는 것이다."

공감이 되는가? 아님… 아무런 느낌이 없는가? 음… 있자나…
분명 내가 내 이름을 단 학원의 원장인데 말이야. 많은 학생들이 내가 원장인 줄 몰라. 심지어 내가 가르치는 학생들도 몰라. 이 상황에 대해선 너희들은 어떻게 생각하냐? 음… 난 참 훌륭한 원장인가봐. 하하하!

나의 선생님께

여행객이 방랑객과 다른 것은
돌아갈 집이 있기 때문입니다.
아무리 먼 곳에서 그 어떤 고생을 할지라도
돌아갈 집이 있는 한
자신의 모험담을 들어줄 가족이 있는 한
그는 즐거운 여행객입니다.
선생님
저는 당신이 안타깝지만
답답한 마음으로 당신을 떠났지만
당신이 있기에
저는 삶을 즐길 수 있는
즐거운 여행객입니다.

달콤한 케이크

광명에서 가르친 첫 제자들 중 한명으로 재석이란 친구가 있었습니다. 가르친지 얼마 되지 않아서 수업시간에 그에게 문장 구조를 분석시키고 해석을 시켜보았습니다. 맞는 해석을 했지만 인정할 수는 없었습니다. 해석 이전에 제대로 되어야 할 구조분석이 엉망이었기 때문이었습니다. 그래서 재석이에게 이야기했습니다.
"이같은 경우를 소가 뒷걸음질 치다가 쥐를 밟았다고 하는 것이다. 너는 너무나 우연히 해석이 맞은 것에 불과하다"
재석이는 맞게 한 해석에 지적을 받는 것을 이해하기 어려웠습니다. 그래서 집에 가서 이야기했습니다.
"엄마 우리학원 선생님이 나를 싫어하는 것 같아."
그 재석이는 6개월 뒤에 작은 케이크를 들고와서 건네며 제게 말했습니다.
"선생님 감사합니다."

그때 그 케이크의 달콤함, 자신이 왜 지적을 받았는지, 그 지적이 왜 필요 했는지를 스스로 깨달은 학생이 직접 건네는 그 케이크의 달콤함이 제가 학원을 차린 이유입니다. 그리고 2007년 학원을 개원하고 지금까지 저는 이 케이크의 달콤함을 수없이 많이 맛보았습니다.
물론 이것이 쉬운 일만은 아닙니다. 영어를 배우는 많은 학생들은 자신이 배운 문법을 독해에 활용하지 못한 채 해석을 상상하고 이것이 이미 습관이 되어버린 학생들에게, 영어도 우리말처럼 의사전달의 도구이고 그러므로 명확하게 해석이 되는 원리가 있음을 이해시키는 것은 선생에게 많은 노력을 요구하고 때로는 학생들에게 오해를 불러일으키기도 합니다.

재석이처럼 한순간 서운했지만 그것이 너무나 소중한 기회임을 깨닫는 학생이 있는 반면 그것이 그저 불쾌한 학생들이 있습니다. 정해진 범위만 부분적으로 공부하면 점수가 보장되는 중학교 시험에 익숙해져 그 필요를 느끼지 못하는 학생들이 있습니다. 자신의 잘못된 학습을 고쳐야 함을 알면서도 막연히 두려워 하는 학생들이 있습니다. 정해진 문법 진도가 없고, 지문의 양이 중학교 때의 수십배에 이르는 고등학교 영어 시험을 경험하고 나서야 그 필요를 깨닫지만 이는 '여름을 놓친 이솝우화의 베짱이'입니다.

모두를 구원할 수 없는 것을 알기에 성서의 예수는 "귀있는 자는 들으라"라고 외친 것이 아닌가 생각합니다. 그러나 다시 길 잃은 한마리 양을 찾는 것이 소중하다고 말하는 그의 말처럼 저희는 한 학생이라도 더 깨우치기 위해 노력합니다. 귀한 자제분을 우리에게 맡겨주서서 감사합니다.

우리는 모두 같은 사슴을 쫓고있다

"우리는 모두 같은 사슴을 쫓고있었다. 그중에서 당신이 사슴을 잡은 것은 남들보다 조금 더 힘이 쎄고 빨랐기 때문이다. 단지 당신과 같은 꿈을 꿨다고 해서 나를 해한다는 것이 말이 되는가? 내가 한신에게 난을 제의했을 때 난 당신을 알지조차 못했다."
- 초한지 중에서

그래 맞어… 우리는 모두는 같은 사슴을 쫓고있다. 내가 너를 이끌었다고 해서 네가 내 것은 아니다. 나는 진심으로 너의 길을 응원한다.

시란 무엇인가?

대학교 1학년 때 일이였다. 교양필수 국어 시간에 교수님이 우리 조에게 과제를 주었지. "시란 무엇인가"에 대해서… 3수한 형이 있었는데… 그형이 자기 친형이 국문과라며 이 과제는 자신에게 맡기라했다. 근데 발표 당일날 그 형이 안나오고 말았지. 아무것도 준비가 안 되어 모두가 당황한 그 순간… 나는 강단앞으로 나갔다. 그리고 말했다.

"전 시가 무엇인가에 대해서 2년 동안 생각해 왔습니다. 우리조가 이 주제를 맡고 또 발표자가 안 나온 것은 마치 절 위한 기회 같습니다."

나는 모든 이들의 시선을 끌었다. 그리고 이야기를 진행했지. 시가 존재하는 이유에 대해서… 대충 이런 내용이었다… 시의 내용이란 소설이나 수필에도 있는 것이고, 시의 운율도 노래속에서 쉽게 볼 수 있다. 그러나 시는 비밀을 가지고 있다. 귀 있는 자는 들을라는 성서의 비유처럼 시는 특별한 사람들만을 위한 비밀을 간직하고 있는 것이다. 그래서 시가 존재하는 것이다….

실내가 조용했지. 아무도 내 말에 동조 하지 않았다. 음 지금 내 이야기를 듣는 너희들의 모습과 그 때 그 강의실의 모습이 비슷하구나. 모두들 그저, 지금 너희들 처럼 멀뚱멀뚱한 표정으로 내 얼굴을 쳐다봤다. 그래서 나는 화제를 바꾸고 다시 말했다.

"지원아, 너 오늘로써 머리 묶고 온지 3일이 지났구나!"

바로 그 순간 그 조용한 강의실에서 세명이 웃었다. 나는 그 순간을 놓치지 않았다. 그리고 말했다.

"지금 상호, 용현, 충현이 이 세친구들이 웃고 있습니다. 이들은 지원이가 머리 감고

온 날만 머리를 풀고 온다는 사실을 알고있는 친구들입니다."
순식간에 강의실은 웃음바다가 되었다. 그 웃음소리와 함께 큰 목소리로 다시 나는 말했다.
"시란 이런 것입니다. 이처럼 비밀을 알고 있는 이들의 특별한 언어입니다"
친구들의 웃음소리는 함성으로 그리고 내 이야기에 대한 관심으로 바뀌었다. 그리고 그 열기에 동화된 나는 고교 3년동안 하고 싶었던 그 한 마디를 내뱉었지.
"그러므로 국어 시간에 시를 배우는 것.. 그것은 곧 시를 죽이는 것입니다."

일주일이 지난 뒤… 나는 교양 국어를 가르치는 그 선생님께 찍혔음을 알게 되었다. 갑자기 나에게 질문을 하시더니, 대답하는 나를 차단하고 다시 선생님이 말씀하셨다.
"더이상 그런 궤변은 늘어놓지 마라!"

나는 '궤변론자'라는 별명을 갖게 되었다. 뭐 대수롭지 않은 일이야. 그 때도 별로 신경쓰진 않았다. 단지 그 순간의 친구들의 환호성이 지금도 날 기분좋게 만들 뿐.
너희들도 다시한번 생각해 봐라.

'사막이 아름다운 것은 어딘가에 우물을 감추고 있기 때문이다' 라는 어린왕자의 말처럼.. 시가 아름다운 것은 어딘가에 있을… 특별한 이를 위한 비밀 때문이다.

안녕 데미안이야

안녕 나의 싱클레어

오랜만이야…

요즘은 무슨 생각을하고 있니…

널 둘러싼 복잡한 세상에서…

무엇이 너의 걱정거리니?

무엇을 위해 살아가고 있니?

서로에게 연락한다는 것이 그리 쉬운 것이 아니지만

앞으로도 지금처럼 그렇게 이야기를 들려줘

전에 했던 얘기라도 좋아.

네 마음속에서 정말로 궁금하고 고민되는 것이라면

난 네 이야기를 듣는것이 너무나 좋단다.

그러나

내 이야기는 기대하지 않는게 좋아.

언제나 그랬듯이…

난 네게 아무런 이야기도 하지않아.

내 엄마 '에바'에 대해서,

크로머를 처리한 방법에 대해서…

너의 이야기에 귀를 기울이는 이유에 대해서…

네가 나에 대해 품고 있는 두가지 마음을 알어.

어떤 때는 널 이해하는 유일한 친구로 여겨지고

그것이 널 두렵게 만드는 때가 있고..

그리고 그것은 너로하여금 나에 대한 궁금증으로 가득차게 만들겠지.

싱클레어, 너를, 그리고 너의 감정을 이해한다는 것은…

너와 내가 같은 경험을 간직했기 때문일 텐데 말이야…

난 너처럼, 단 한번도 흔들리는 모습을 이야기하지 않으니…

또한 그것은 네게…

어떤 때는 신비감과 이상향으로…

어떤 때는 위선과 혐오감으로 다가오겠지…

그치만 그 모든 것은 단지 너의 상상속에서 이루어지는 것이란다.

내가 네게 내 슬픔을, 고민을, 방황을 이야기할 기회는…

앞으로도… 영원히 없을 테니.

오늘은 참 많은 이야기를 나눴구나…

그럼 안녕…

담에 또 만나자.

그 땐, 내가 좋아하는 벤치에 데려가줄게.

패배, 나의 패배여

그 책의 내용이 무엇인지도 모르겠지만 그 제목을 좋아하는 책이 있다. 이문열 작가의 "추락하는 것은 날개가 있다." 어떤의미냐? 이 문구가 너희에겐 어떤 의미로 다가오는가? 내가 느끼기엔 추락이 얼마나 위대한 것인가를 이야기하는 글이다… 생각해 봐라. 추락을 아무나 하겠니? 단 한번이라도 창공을 날아본 자들이 할 수 있는 것이지. 참 그럴듯한 말 아니니?

"추락하는 것은 날개가 있다."

이 제목에서 느꼈던 감동을 그대로 이야기하는 시가 있다. 칼릴지브란의 "Defeat". 유명한 시라 여러 사람들이 번역을 했고 괜찮은 번역을 너희에게 소개하고 싶은데 하나같이 마음에 안든다. 내가 느낀 감동을 이야기하지 못하는 것 같은… 그래서 지금 이순간 내가 함 번역해 봐야겠다. 시를 해석하는데 있어서 정답이 있을 순 없겠지만 내가 느낀 감동은 너희에게 알려주고 싶다. 내가 쓴 시가 아니지만 처음부터 내 시인 것인양 너희에게 이야기하고 싶다. 그 느낌을 살리기 위해 필요한 곳은 약간의 의역이 들어간다. 단 원작의 의미를 훼손하진 않는 범위 내에서.

Defeat

Defeat, my Defeat, my solitude and my aloofness;

You are dearer to me than a thousand triumphs,

And sweeter to my heart than all world-glory.

패배, 나의 패배여,

나의 고독, 나의 초연함이여

수천의 승리보다 사랑스럽고

세상의 모든 영광보다 달콤한 나의 패패여

Defeat, my Defeat, my self-knowledge and my defiance,

Through you I know that I am yet young and swift of foot

And not to be trapped by withering laurels.

And in you I have found aloneness

And the joy of being shunned and scorned.

패배, 나의 패배여,

나의 자의식, 나의 반항

나는 오직 너를 통해

아직은 어리고, 발이 민첩함을

시들어가는 월계관에 갇히지 않았음을 알게된다.

오직 네 안에서 나는

고독함을 그리고 외면당하고 멸시받는 즐거움을 알게되지.

Defeat, my Defeat, my shining sword and shield,

In your eyes I have read

That to be enthroned is to be enslaved,

And to be understood is to be leveled down,

And to be grasped is but to reach one's fullness

And like a ripe fruit to fall and be consumed.

패배, 나의 패배여, 내 빛나는 검과 방패여

너의 눈에서 나는 볼 수 있지.

왕좌에 오르는 것이 족쇄가 채워지는 것임을

이해된다는 것은 그저

그들의 수준으로 몰락한다는 것임을

파악된다는 것은 단지 익은 과일과 같은 것,

그저 때가 되어 누군가에게 먹히게 될 뿐이란 것을

Defeat, my Defeat, my bold companion,

You shall hear my songs and my cries and my silences,

And none but you shall speak to me of the beating of wings,

And urging of seas,

And of mountains that burn in the night,

And you alone shall climb my steep and rocky soul.

패배, 나의 패배여, 나의 과감한 동료여

오직 너만이

내 노래, 내 외침, 내 침묵을 들을 수 있고

오직 너만이

힘찬 날개짓을 , 성난 바다를, 불타는 산을 내게 들려줄 수 있고

오직 너만이 내 가파르고 험한 영혼을 오를 수 있는 것이네.

Defeat, my Defeat, my deathless courage,

You and I shall laugh together with the storm,

And together we shall dig graves for all that die in us,

And we shall stand in the sun with a will,

And we shall be dangerous.

패배, 나의 패패여, 내 불멸의 용기여

폭풍속에서

우리는 함께 웃고

우리 안에서 죽어가는 모든 것들을 위한 무덤을

함께 파겠지.

태양아래 굳건히 서서

우리는 정말 위험할 것이야

야유할때 떠나라

You are much more than just a list of your accomplishments. It's not only what you do, but how you do it that counts in the real scorebook of your life. Making the spectacular diving catch says more about you than the "out" that is recorded in the scorebook.

너는 단지 너의 성취 리스트보다 이상적인 존재이다. 네가 하는것 뿐만 아니라 어떻게 이를 하는지가 진정한 너의 삶의 스코어 북에서 중요하다. 특별한 다이빙 캐치를 하는 것은, 그저 스코어북에 기록되는 것 이상으로 너에 대해 이야기한다.

- 2020 수능특강 중에서

"최고의 자리에서 물러나겠다."
"박수 칠 때 떠나겠다."
스포츠 뉴스에서 흔히 볼 수 있는 말중 하나.
허나 이는 그 어떤 말보다 비겁한 말이 아닌가?
아마.. 최고의 자리에 올라서니
이전에 없던 명예욕이 그를 감싸고
그것이 그에게 이전까지 보이지 않았던 두려움을 만들어 내겠지.
챔피언은 말이야.
최고의 자리에서
패배의 쓰라림과
그것이 가져다 주는 자신의 한계를

온몸으로 느끼고 은퇴해야 한다.
그 패배의 짜릿함을 즐길 수 있어야한다.
박수 칠 때가 아니라
야유 속에서 떠날 때…
자신과 자신의 삶에 당당할 수 있다.

사람들은 가르칠 수 없는 것을 가르치려 한다

이거 문제가 너무 웃겨서 읽다가 빵 터졌다.

다음 빈칸에 들어갈 말로 가장 적절한 것은?

Resist the temptation of leaning too much towards the use of convergent thinking to the exclusion of divergent thinking. It's easy for us to fall into the trap of telling our children what is right and wrong even when it comes to ideas and suggestions which may be relatively open-ended and highly subjective. We also need to look at the way we phrase our questions, making sure we ask questions which promote divergent thinking. For example, instead of saying 'Let's use some glue to stick the pictures to make a collage,' you may say 'I wonder how we can attach this to this so that we can make it special.' Simply by rephrasing what we say, we are not just suggesting one correct solution, but rather, we can encourage children _____. jugis

*convergent (의견 등이) 수렴하는 **divergent (의견 등이) 확산하는

① to read as many good books as possible
② to put themselves in someone else's shoes
③ to elaborate their thoughts on the same idea
④ to think about different solutions to a problem
⑤ to insist on applying their ideas in actual situations

확산적 사고를 배제하고 수렴적 사고를 사용하는 쪽으로 너무 많이 기울어지고 싶은 유혹에 저항하라. 우리는 심지어 비교적 답이 열려있고 매우 주관적일 수 있는 생각이나 제안에 대해서도 아이들에게 무엇이 옳고 그른 것인지를 말해주는 오류를 범하기 쉽다. 우리는 또한 확산적 사고를 증진하는 질문을 던지고 있는지 확인해보면서, 우리가 질문을 말로 표현하는 방식을 살펴보아야 한다. 예를 들어, '콜라주를 만들기 위해 그림들을 붙이기 위해서 접착제를 사용하자.'라고 말하는 대신에 '우리가 이것을 특별하게 만들기 위해서 이것을 여기에다 어떻게 붙일 수 있을까 의문이네.'라고 말할 수 있을 것이다. 단지 우리가 하는 말을 달리 표현함으로써, 우리는 그저 하나의 올바른 해결책을 제시하는 것이 아니라, 오히려 아이들에게 어떤 문제에 대한 다양한 해결책들에 대해 생각해보도록 권장할 수 있다.

이것 참 재미있네… 그러니깐… 정해진 답을 찾아가는 수렴적 생각을 하게 하는 것이 아니라 다양한 답을 생각해 볼 수 있는 확산적 생각을 하게 만들라는 요지의 지문인데.. 수렴적 사고를 배제하고 확산적 사고를 하라는 지문을 가지고 이들에게 4번 정답을 고르게 하며 학생들에게 수렴적 사고를 하도록 만들고 있다.

니들은 안웃기니?

세상에는 가르칠 수 없는 것을 가르치려 하는 사람들이 꽤 많은 것 같다. 그냥 자랑을 하고 싶은 것인가? 아까 8번 지문에서 봤던 두마리 거북이 이야기를 다시 생각해보자. 난 이 이야기가 맘에 든다.

Think of two turtles — one from a pond and one from an ocean — sharing stories. The pond turtle cannot comprehend the magnificence of the ocean because his pond environment is limited. The ocean turtle invites the pond turtle to go with him to the ocean because he knows that the pond turtle will only truly understand by seeing for himself. jugis

두 마리의 거북이, 즉 연못에서 온 거북이 한 마리와 바다에서 온 거북이 한 마리가 이야기를 나누고 있다고 생각해보라. 연못 거북이는 자신의 연못 환경이 좁기 때문에 바다의 장엄함을 이해할 수 없다. 바다 거북이는 연못 거북이가 직접 봐야지만 진정으로 이해할 거라는 것을 알기 때문에 자신과 함께 바다로 가자고 연못 거북이를 초대한다.

어린왕자를 새로 쓴
어느 한국작가의 소설을 읽고

님이 그렇게 광고하시는 님의 까페에 들어가 봤어요.

님의 아이디 아바타와 작가의 아바타가 똑같던데…

당신이 이 책의 저자 맞나요?

그러나 전 님을 별로 좋아하지 않아요…

광고용으로 님이 잠깐 보여준 부분 가운데…

왕자가 누군가에게… 이런말을 하더군요…

'당신의 순수를 의심하지 마세요'

전 님을 잘 모르지만 글도 제대로 읽지 않았지만…

그냥 그 한 마디가… 님을 그리고 님의 어린 왕자를 싫게 만들었죠.

생떽쥐베리의 어린 왕자를 좋아하는 저로선

자신의 입으로 순수를 말하는 왕자를… 도저히 상상할 수가 없어요.

학창시절 중학교 교과서에 나오는 박남수의 시 '새'

님도 기억하시겠죠?

그 시속에서 시인은 새를 이렇게 묘사하죠.

'새는 그것이 사랑인 줄도 모르고 사랑을 한다.'

어린왕자의 순수란 이와 같은 것이 아닐까요?

'순수'라는 말을 하는 것이 '순수하게 보이지 않는다'고 말하는 건 억지 같은가요?

님의 소설 속 어린왕자는 님의 까페처럼이쁜 말들로만 가득하던데…

그러나 생떽쥐베리의 '어린 왕자'는 그저 이쁜 말들만 모아놓은 소설이 아니에요.

님이… 어린 왕자를 다시 쓰신 이유가 뭐죠?

생떽쥐베리는 소설 속에서…

친구를 기억하기 위해서 6년전 떠난 왕자를 잊지 않고 기억하기 위해서

글을 남겼다 했는데, 님은요?

무엇을 위해 글을 썼나요?

혹…

예쁜 글들을 조합하는 당신의 실력을 자랑하고 싶었던 것은 아닌가요?

제 이야기가 님을 심히 불쾌하게 만들었는지 모르겠군요.

그러나 '어린왕자'란 제목으로 책을 낼 땐

이만한 비난쯤은 감수하셔야겠죠..

전, 님이 건드리지 말아야 할 것을…

함부로 건드렸단 생각을 지울 수가 없습니다.

영화 곡성을 보고

한 일본인이 마을에 들어온 이후
마을에서 사람들이 이상하게 죽기 시작했다.
사람들은 모두 이것이 그 이상한 일본인 때문이라고 의심한다.
그 의심은 확신이 되어
모두 힘을 합쳐 그를 잡아 죽이려 한다.
결국 그는 죽게 되고 그것을 여러 사람들이 봤다.
그러나 그가 죽고나서 다른 말을 하는 사람이 나타난다.
그는 악마가 아니라
악마와 싸우기 위해 왔다고
마을 사람들을 구하기 위함이었다고
자신들이 오해한 것이라고 말한다.
그리고 그가 악마인지 천사인지..
영화 속의 주인공과
영화 밖의 관객들이
혼란에 빠진 순간에
그는 동굴에서 부활한다.
그리고 다시
동굴로 찾아와 그의 정체를 묻는 한 청년에게
그 일본인은 웃으며 악마로 변한다.
그리고 손바닥을 편다.

거기엔 지금까지의 이야기 전개와 아무런 연관이 없는

못자국이 있다.

…

무엇을 이야기하기 위함인가?

마을 사람들의 핍박

희생

죽음

동굴에서 부활

그리고 악마로 변신

하하…

이건 뭐 대놓고

그의 정체는 예수이고

예수의 정체는 악마라고

이야기하는 것이 아닌가?

…

이렇게 영화를 만들어도 괜찮을까?

작년에 프랑스 샤를리 엡도 신문사에 일어난 테러를 보더라도

종교를 함부로 건드리는 것은 위험할텐데…

뭐, 예수가 애인이 있고 그의 후손이 있다라는 자극적인 이야기로

세계인의 관심을 모은

댄 브라운의 '다빈치 코드'처럼

관심끌기 좋은 소재가 될 수는 있겠지…

그래서 위험을 감수하고?

하긴

감독이 대놓고 인정할일은 없겠구나…

그저 악마로 변한

손에 못자국 있는 일본인일 뿐…

책을 읽는 이유가 다른 것이야

그와 내가 같은 날 같은 책을 읽는다 할 지라도..

그와 나는 달라.

그는 작가를, 작품을 이해하기 위해 책을 읽지만

나는 아냐.

나는 그런 것에 별루 흥미가 없어…

나는 단지

나를 이해받기 위해 책을 읽는 것이야.

작품의 시대적 상황을 살피며, 작가가 사용한 어휘와 문맥을 살피며

그는 작품을.. 그리고 작가를 이해하려 노력하지만

나는 솔직히 그런 이야기에 별루 관심이 없어

전쟁을 부추기는 소설이든

작가가 매국노든

작품이 상업성에 치중했든, 예술성에 치중했든..

내겐 큰 관심거리가 아냐.

읽은 책도 별루 없구, 하긴 특별히 책을 좋아하는 것도 아니지.

만화책이라면 모를까

그런 내가

오늘 네게 책을 이야기하는 것…

그것은 너로 하여금

정작 네게 말하고 싶은 내 자신의 이야기에…

어쩜… 직접말하기 부끄러운 그 이야기에…
너의 관심을 끌기 위함이란다.
어떻게 설명해야할지 모르겠어서, 자꾸 썼던 글을 지우게 되는데
어이, 너무 진지하게 생각진 마라!
좋은 하루!

장경오훼(長頸烏喙)

춘추 전국시대의 지략가 범려는 오나라에 대한 월왕 구천의 복수를 완수하는데 큰 공을 세운다. 그러나 앞으로 부귀영화만 기대되는 그 시점에서 범려는 구천을 떠난다. 그 때 그가 한말이
"목이 길고 주둥이가 튀어나온 자는 고통은 함께 할 수 있어도 기쁨을 함께 할 수 없다."
신체적 외모와 관상의 중요성을 말하기 위해 이 말을 꺼내는 것은 아니야.. 여기서 중요한 것은 세상은 '고통을 함께 할 수 있는 자'와 '기쁨을 함께 할 수 있는 자'가 나뉘어 있다는 것이야. 그리고 너희에게 진정한 친구는 당연히 '기쁨을 함께 할 수 있는 자'인 것이다. 고통을 함께 하는 것은 물론 고마운 일이지만, 사실 그리 어려운 것이 아니고 단지 서로가 서로를 이용하는 것일 뿐일수 있다. 가만히 생각해봐. 가족 말고 너의 기쁨을 함께 할 수 있는 이가 얼마나 있는지.

아름답다는 외침

고향 앞바다를 거닐던 도중 수평선 너머로 해가 지고 있었다. 붉은 노을이 구름을 적시는 모습이 아름다워 한참 동안 바라보고 있었다. 그러다 문득 궁금증이 들었다.
"나는 지금 왜 해가 지는 모습을 아름답게 바라보는 것이지?"
"저 모습이 왜 내게 아름답게 다가오는 것이지?"

나는 다시 한참 동안 생각에 잠겼다. 그러다 문득 결론을 내렸다.

지금 저 태양이 아름다워 보이는 이유는 단지 내 손으로 붙잡을 수 없기 때문이다. 저 떨어짐을 내가 막을 수 있다면 저 모습은 결코 아름다워 보이지 않을 것이다.

그래… 떨어지는 빗방울을 막을 수 없어서 우리는 빗소리를 시원하다 말한다.
떠나는 이를 붙잡을 수 없어서 우리는 이별 노래를 아름답게 듣는다.
결국 아름답다는 외침! 그것은 초라한 자신을 감추려는 가련한 몸부림.

타자를 발명한 줄 알았다

Two roads diverged in a wood and I took the one less traveled by
and that has made all the difference.
두 개의 길이 숲에서 나뉜다. 나는 사람들이 덜 지나간 길을 택했고
그것이 모든 차이를 만들었다
―Robert Frost

90년대 초, 초등학교 6학년 시절, 나는 내가 타자를 발명한 줄 알았다. 그 당시 TV에서는 '천재소년 두기'라는 어린이 드라마가 방송되고 있었다. 매 스토리의 마지막에서 '두기'는 항상 컴퓨터로 일기를 썼다. 신기한 것은 자판은 안보고 모니터만 보면서… 나는 그것이 어떻게 가능한지 무척이나 궁금했다. '저것이 정말 가능한 일인가?' 컴퓨터가 인터넷도 안되던 그 시절, 그저 막연하게 앞으로의 세상은 컴퓨터가 지배한다는 말에 많은 이들이 컴퓨터를 배우던 그 시절에 나는 문득 컴퓨터 자판을 들여다 보았다. 그러자 'ㄹ'과 'ㅓ' 자판에 튀어나온 부분이 있다는 것을 알게 되었지. 그 두 자판에 양 검지손가락을 맞추니 네 손가락씩 자판을 대고 있을 수 있었다. 그러자 문득 생각이 들었다. '모니터만 보고 타자를 치는 것이 그리 어려운 일은 아니겠다. 자판을 외우면 되는 것 아닌가?'
ㅂㅈㄷㄱ, ㅁㄴㅇㄹ, ㅋㅌㅊㅍ
이렇게 자판을 외웠다. 그리고 천천히 내 이름을 모니터만 보고 써보기 시작했다.
"자 ㅂㅈㄷㄱ 라고 했지.. 새끼 손가락으로 위 자판의 'ㅂ'을 누르자"
"어아이.. 그러니 중지를 눌러야 하고"
그렇게 연습을 하니 나는 머지않아 타자를 치게 되었다. 연습을 거듭할수록 속도가

배가 되었다. 나는 내 발명과 그 성과에 즐거웠다. 그러나 중학교 2학년 시절, 이미 수차례 그랬던 것처럼 한 친구에게 내가 타자를 개발 했다고 자랑하고 있었는데 그 친구는 이상하다는 듯 나를 쳐다보고 '한메 타자교실'이라는 프로그램을 보여줬다. 그리고 그 순간, 타자를 치게 되고 2년이 지나고 나서야 나는 처음으로 내가 한 것이 '발명'이 아니라 '발견'인 것을 알게 되었다. 그 순간 물론 아쉬움이 컸다.

그러나 초등학교 6학년 여름 타자를 알게된 그 작은 일은 분명 나를 세상에 서 앞서 나가게 한 일이었다. 모두가 더듬더듬 독수리 타법을 구사하던 시절 빠른 속도로 자판을 두드리는 내 모습은 많은 이들에게 선망의 대상이었고 군대에서 어려운 경쟁률을 뚫고 비행단 단장의 비서병으로 근무할 수 있었던 것도 지금은 아무것도 아닌 바로 그 타자능력 때문이었다.

착각일 수 있는 것이 하나 더 있다. 그것은 영어를 가르치는 우리의 학습법이다. 좀 더 쉽게 문법의 개념들을 가르치고 이를 독해 문장에 적용하고 문장 구조를 분석하게 하는 우리의 학습법은 오직 여기에서만 배울 수 있는 것이고 나는 이를 한국의 모든 영어교육이 따라야 한다고 생각한다.

물론 알고있다. 세상엔 영어를 잘하는 이들이 많고 영어를 잘 가르치는 사람들도 많다. 그러나 한국에서 월드컵이 한창이던 시절에 과외 강의부터 시작된 이 착각은 20년이 지난 지금도 깨지지 않고 과외에서 강사로 강사에서 학원 원장으로 그리고 이제 다시 '법인 영어학원'의 대표로 나는 아직도 우리의 학습법을 전국으로 퍼뜨리기 위해 연구한다.

전국적으로도 유례를 찾기 힘들게 졸업한 제자들이 함께 일하는 이유 내 부족한 인덕에도 그들이 나와 함께 하는 이유는 내가 갖고 있는 비전을 그들이 공유하기 때문이다. 앞으로도 나는 학원에 재원중인 학생들로, 이를 다시 증명해 보일 것이다. 그리고 내 동료들과 좀 더 큰 착각을 해보겠다.

시

지금 당신이 읽고 있는

이 글은

시 입니다.

혹, 당신이

'이게 무슨 시야?' 하고 물으신다면

그것은 아마

이 시가

당신을 위해서 만들어졌기 때문입니다

더 높이 올라갈수록 더 작아보인다

그래 다른 별에 지적 생명체가 있고 어느날 그 지적 생명체가 지구로 찾아와 지구를 대표하는 지적 생명체와 이야기를 나누고 싶다고 하자. 그것이 인간이라는 보장이 있는가? 수많은 건물들과 기계들을 만든 것이 인간을 다른 종족보다 우월하게 만들 수 있는 것인가? 다른 생명체들을 잡아먹고 가축으로 키운다는 것이 우리를 그들보다 나은 생명체로 만들 수 있는가?

큰 기교는 자랑하지 않기 때문에 오히려 보잘 것 없어 보인다(大巧若拙-대교약졸)는 노자의 말처럼 우리는 그것이 단지 졸해 보여서 착각하는 것이 아닌가?

니체는 이런 말도 했지.

The higher a man gets, the smaller he seems to thoses who can't fly.

한 인간이 더 높이 올라가면 올라갈수록 그는 날지 못하는 이들에게 작아보인다.

그럼에도 불구하고 날지 못하는 이 인간들은 터무니없이 거만하다. 나는 하늘을 나는 새들을 볼 때마다 그들의 생각이 들리는 듯 하다.

"이 날지도 못하는 것들이."

중재자와 옹호자

다음 글의 내용을 한 문장으로 요약하고자 한다. 빈칸 (A)와 (B)에 들어갈 말로 가장 적절한 것은?

Mediation is a process that has much in common with advocacy but is also crucially different. It parallels advocacy in so far as it tends to involve a process of negotiation, but differs in so far as mediation involves adopting a neutral role between two opposing parties rather than taking up the case of one party against another. At times, particularly in very complex situations, the processes of advocacy and mediation can overlap, perhaps with very problematic results, as one loses clarity over his or her role. It is therefore important, if not essential, to maintain a clear focus in undertaking advocacy or mediation in order to ensure that the roles do not become blurred and therefore potentially counterproductive. For example, amediator who 'takes sides' is likely to lose all credibility, as is an advocate who seeks to adopt a neutral position.

↓

Although both deal with negotiation, a mediator needs to maintain (A) and an advocate partiality in order to (B) crossing over into each other's role.

    (A)   (B)

① neutrality　avoid

② neutrality　encourage

③ potentiality reinforce
④ creativity facilitate
⑤ creativity prevent

[해석]

중재는 옹호와 많은 공통점이 있는 과정이지만, 중요한 부분에 있어서는 다르기도 하다. 중재는 협상의 과정을 수반하는 경향이 있다는 점에서 옹호와 유사하지만, 다른 편에 대한 한쪽 편의 입장을 지지하기보다는 두 반대되는 상대 사이에서 중립적인 역할을 취하는 것을 수반한다는 점에서 (옹호와는) 다르다. 때때로, 특히 아주 복잡한 상황에 있어서, 자신의 역할에 대한 명확함을 놓치게 되기 때문에, 옹호와 중재의 과정은 아마도 아주 해결하기 어려운 결과를 가지고 겹쳐질 수 있다. 따라서 옹호나 중재의 역할을 담당함에 있어서, 그 역할들이 흐려져서 어쩌면 그 결과 역효과를 내지 않도록 확실하게 하기 위해 분명한 초점을 유지하는 것이 (필수적이지는 않을지라도) 중요하다. 예를 들어, '편을 드는' 중재자는 중간 입장을 취하려고 하는 옹호자가 그렇게 되듯이 모든 신뢰성을 잃게 된다.
중재자와 옹호자 모두 협상을 다루기는 하지만, 서로의 역할을 침범하는 것을 피하기 위해서, 중재자는 중립성을 유지하고 옹호자는 편파성을 유지할 필요가 있다.

중재자와 옹호자의 차이를 이야기하는 참 재미있는 지문이군.
헌데 여기서 말이야. 지금 이 자리에 서있는 나는, 즉 선생은 너희들에게 중재자가 되어야하는가 옹호자가 되어야 하는가? 전에 외국어 영역 지문 중에 '선생은 중립을 지켜야 한다'는 내용이 학생들 모의고사에 직접 나오기도 했잖아.
너희들은 어떻게 생각하니? 내 개인적으로는 참 공감이 안되는 이야기라서 말이야. 선생이 중립을 지켜야한다고 주장하는 이들은, 감수성이 예민한 학생들에게 선생의 견해를 이야기하는 것은 잘못된 사상을 심어줄 수 있어 위험하다는 이야기를 하지만 선생이 여러 사회적 현상들에 대해, 즉 사회적 이슈로부터 철학, 종교, 심지어 스포츠 경기에 이르기까지 자신의 견해를 이야기 할 수 없고, 중립을 지킨다는 명분하에 교과서만 읽는다면 과연 그것을 선생이라 할 수 있는가? 자유롭게 자신의 이야기를 하고 그에 따른 학생들의 견해를 묻는 것이 선생의 모습이 아닌가? 그것을 강요하지만 안는다면, 선생은 얼마든지 자신의 생각을 이야기 할 수 있는 것이 아닌가?

나는 오히려 선생에게 중립을 강요하는 사회가 더 무섭다. 잠깐 앞에 27번에서 봤던 문장을 다시 한 번 훑어보자.

In reality, the people who are most different from us probably have the most to teach us. The more we surround ourselves with people who are the same as we are, who hold the same views, and who share the same values, the greater the likelihood that we will shrink as human beings rather than grow.

실은, 우리와 가장 다른 사람들이 아마도 우리에게 가르칠 것이 가장 많을 것이다. 우리와 똑같은 견해를 지녔고, 똑같은 가치를 공유하고 있는 우리와 똑같은 사람들로 우리를 에워싸면 쌀수록 우리는 인간으로서 성장하기보다는 수축될 가능성이 더욱 더 커지게 된다.

이 글은 분명 우리와 견해나 가치관이 다른 사람들을 통해서 더 많은 것을 배울 수 있음을 이야기하고 있지 않은가? 그것은 분명 견해를 자유롭게 이야기 할 수 있음에서 오는 것이 아닐까? 선생은 이 이야기에서 조차도 제외되는 것인가? 내 수업시간에 내가 하고 싶은 이야기를 마음껏 할 수 없다면 그것은 생각만 해도 숨이 막히는데 말이야.

잘 생각해봐라. 판단은 너희들이 하는 것이니깐.

그 판단을 갖는 것은 분명 중요할 것이다. 그러한 생각의 과정이 없으면 지문 속에 모르는 단어가 없다하더라도 구조가 완벽히 파악된다 하더라도 지문을 이해할 수 없게 된다. 관심이 있는 만큼 읽히는 것이 당연한 것이 아니겠는가? 오늘 수업은 여기까지 하자.

글쓰기

Don't write because you want to say something. Write because you have something to say. - F. Scott Fitzgerald
무언가를 말하길 원해서 글을 쓰지 말고 정말로 하고 싶은 말이 있어서 글을 써라.

글을 잘쓰는 사람이
글을 쓰는 것이 아니라
쓸 것이 있는 사람이
글을 쓰는 것이다.
억지로 짜낸 생각과 글들은
읽어주기 지루한 기교에 지나지 않는다.

철학적?

선생님은 제가 지금 껏 봐 왔던 어떤 사람보다 철학적입니다.

내가 철학적이라고? 지금껏 제대로 읽은 철학책 하나 없는것 같은데? 음… 철학적이라는 것은 어떤 모습을 말하는 것인가?

바로 지금 선생님의 이 모습입니다. 선생님은 남들이 흔히 넘어 갈 수 있는 것에 물음표를 던집니다.

물음표를 던진다? 하하… 니 분석이 그리고 니 표현이 더 철학적인것 같다.

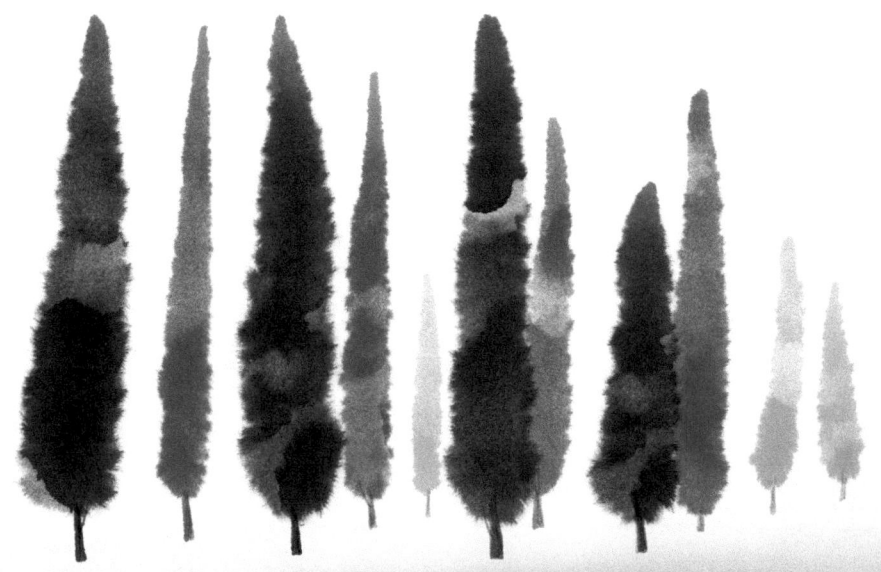

날개가 없음을 인정하라

잠깐 동안 불편하게 할 이야기를 해보겠다. 중학교 1학년 아이들의 어머님들이 학생들을 데리고 처음 학원에 와서 많이 하는 이야기가 지금껏은 회화 위주로 영어를 공부했고 이제 중학생이 되었으니 입시에 직결되는 독해 위주로 아이를 공부시켜야겠다.. 헌데 여기서 이상한 것이… 영어공부에 무슨 회화 위주가 있고 독해 위주가 있는가? 배운 영어로 글을 읽으면 독해고 배운 영어로 대화를 하면 그것이 회화가 아닌가? 그동안 의미 없이 영어를 공부시켰는데 이미 쓴 돈과 시간이 억울하니 이를 위로 받기 위함은 아닌가?

'오스카 와일드'는 이런 말을 남겼다.

Experience is the name everyone gives to their mistakes.

경험은 모든 사람들이 그들의 실수에 주는 이름이다.

왜 이러한 실수들이 일어날까? 애초에 현실과 거리가 먼 상상을 하기 때문이다. 즉 문법에 대한 교육 없이 영어를 습득하는 원어민처럼 그렇게 자연스럽게 영어를 배워야 한다고 생각하고 이것을 진리인 것처럼 여기기 때문이다. 그러나 이것이 과연 가능한 일인가? 한국이라는 환경에서, 자연스럽게 뇌를 한국어로 세팅해 두고서 한국어로 생각하고 한국어로 고민하고 한국어로 상상을 하고 한국어로 꿈을 꾸면서 어찌 우리말을 받아들였듯 자연스럽게 영어가 받아들여지길 바라는가?

이는 마치 비행기가 없던 시절 인간이 날고 싶은 욕망을 갖고 새의 깃털로 날개를 만들어 절벽으로 올라가 날 수 있다는 확신을 갖고 절벽을 뛰어내리는 모습과 비슷하다.

정말로 하늘을 날고 싶다면 라이트 형제가 그런 것처럼 인간 신체의 한계를 알고 양력이라는 과학적 원리를 이용하여 날 수 있는 방법을 강구해야지.

날개가 없고 무게가 많이 나가는 것을 왜 인정하지 않을까?

그렇게 무모하게 자신의 깃털 날개를 믿으며 그렇게 무모하게 아이들의 영어를 망치며 스스로를 정당화하고 있는 것은 아닌가?

Get real!

우리는 좀 더 현실적이 되어야 한다. 중학생이든, 초등학생이든, 영어를 배운다면 한국어로 된 그들의 뇌가 영어라는 언어가 우리말과 무엇이 다른 지를 이해해야 하고 어떻게 단어를 배치해야 자신이 말하고 싶은 것을 전달할 수 있는지를 배우고 이를 바탕으로 다시 영어를 연습해야 한다. 중학생이 되어서 학습법을 바꿔야 하는 것이라면 이것이 순서라고 생각하는 것이 아니라 그 교육이 처음부터 잘못되어 있음을 생각해야 한다. '원어민 학습법'이라는 막연한 환상에서 벗어나야 한다.

뇌가 한국어로 세팅되어 있다 하더라도 그 뇌로 영어와 한국어의 차이를 제대로 이해한다면 뼛속까지 철저한 미국인이 되는 것은 어렵다 하더라도 세계 공용어로 쓰이는 영어를 학습하고 이를 활용하는 것은 얼마든지 가능하다.

교재 '킬넓'에 관하여

선생님 이게 무슨 책인가요?
동사들을 쓰이는 구조에 따라서 분류해서 모아둔 책이야.
이 책이 왜 필요한가요?
동사 각각이 어떻게 사용되는지를 알아야 영작과 회화에 활용할 수 있고 독해시 문장 구조를 빠르게 파악할 수 있지.
왜 책 제목이 '킬넓'인가요?

예전에 교재 '킬 대수'가 동사 kill 이 들어가는 간단한 문장들로 영어 문법의 전 개념을 설명한 것처럼 '킬넓'은 'kill' 'Verb' 'They' 'he'와 같은 간단한 단어들로 동사 각각의 쓰임을 연습하기 위함이다.

'넓'이라는 단어는 우리말에 없는 단어 아닌가요? 세종대왕이 무덤에서 통곡하시겠네요. 왜 없는 단어를 사용하세요?

'Verb'을 우리글로 좀 더 정확하게 표현하기 위함이지. 세종대왕이 한글을 만든 것은 소리에 충실한 글자를 만들기 위함 아니었니? 발음을 좀 더 명확하게 표기할 수 있다면, 지금 우리가 사용하는 문자에 국한될 필요는 없다고 본다. 세종대왕이 이전에 없는 새로운 글자를 만든 것처럼 나 역시 이전에 없는 새로운 책을 만든다. 그리고 세종대왕이 많은 이들의 반대와 위협에도 자신이 만든 글자의 쓸모를 굳건히 믿은 것처럼 나는 영어학습에 이 책의 쓸모를 강하게 믿는다.

좋아. 세종대왕 이야기가 나온 김에 간단히 동사 get을 살펴보자. 동사 get이 1 형식으로 쓰이면 ~에 도착하다란 뜻이 된다. 동사 get이 보어가 나와 2 형식으로 쓰이면 ~가 되다란 뜻이 된다. 동사 get이 목적어가 나와 3 형식으로 쓰이면 ~를 얻다, ~를 이해하다는 뜻으로 쓰인다. 동사 get이 목적어가 두개가 나와 4 형식으로 쓰이면 ~에게 ~를 가져다주다 라는 뜻이 된다. 동사 get이 목적어와 보어가 나와 5 형식으로 쓰이면 ~가 ~하도록 시키다 라는 뜻이 된다.

이처럼 같은 동사라 하더라도 그 사용에 따라 다양한 구조를 만들고 이는 다시 다양한 해석으로 나타난다. 단어 뒤에 '은, 는, 이, 가, 을, 를' 등의 조사를 붙이는 한국어와는 달리 영어는 이를 단어의 배열로 대신하는 것이다.

이처럼 나라말씀이 미국과 달라. 영어를 공부하는 어린 학생들이 영어로 이르고자 할 바 있어도 그 뜻을 능히 펴지 못하는 이들이 많으니라. 내 이를 어여삐 여겨 한국 학생들이 동사 각각의 사용을 알도록 분류해 놓으니 학생들이 영어를 쉬이 익혀 날로 씀에 편하게 하고자 할 따름이니라.

모든 이야기가 제겐 절정입니다.

그래 그녀가 왔어. 2년처럼 30분이 늦어서. 이번에도 지하철을 제대로 타지못해 헤맸다고 한다. 나는 그녀를 데리고 이곳 저곳을 구경시켜줬지. 즐겨앉는 벤치, 강의실, 학교식당, 내가 좋아하는 책들이 놓여있는 도서관 귀퉁이…

그리고 그녀와 나는 커피를 손에 쥐고, 너와 내가 자주 올라갔던 그 장소에 올라갔다. 중소기업 건물 7층… 건물 벽 전면이 창으로 된 공간에 마치 미리 준비해 놓은 것처럼 보이는 의자 두개 하늘이 붉게 물들기 시작했고, 멀리 농구공을갖고 놀고 있는 사람들의 머리가 보이고, 그녀는 내 옆에 나란히 앉아 소설을 읽기 시작했다.

내가 쓴… 그녀가 주인공인 그 이야기를… 그녀가 책장을 남길 때마다 향긋한 향기가 내 앞을 지나쳤다. 하늘은 더욱 더 붉게 물들었고, 건물의 불빛이 하나 둘씩 켜지기 시작했고, 농구하는 아이들의 모습은 서서히 어둠속에서 사라져갔다. 그러나 그녀의 하얀 얼굴이 창 유리에 비추기 시작해, 조금씩 선명해지고 있었다. 그리고 다시 얼마간의 시간이 흘러 그녀는 책을 덮고, 내가 모르는 새 나를 쳐다보고 있었지. 서투른 한국어로 그녀가 말했다. "감사합니다. 너무나 소중한 선물을 받은듯한 기분이네요… 음 근데 소설로 내기엔 어떤 특별한 클라이막스가 있어야 하지 않을까요? 흔한 얘기지만… 제가 죽는 다는 등의… 물론 소설 속에서…"

나는 대답했지.

"아뇨, 제 소설속에 다른 클라이막스는 필요 없어요. 처음부터 끝까지 모든 이야기가 제겐 절정입니다. 적어도 제겐… 그것을 알아주는 이가 단 한 사람도 없다고 할 지라도. 그 역시 상관 없습니다."

다시 그녀가 웃었다.

그리고… 2년전 그 때처럼 수많은 사람들이 오고가는 전철역 앞에서 우리는 헤어졌다. 아무런 기약없이… 아마도 영원히… 그러나 마치 내일 다시 만날 것 처럼.
엇… 너 알바갈 시간이구나. 시간이 정말 빨리가는군… 으… 난 오늘도 치과에 가야하는데… 일 열심히 하고… 안녕 그럼… 낼 보자!

행복에 관하여

Ask yourself whether you are happy and you cease to be so. The only way to avoid being miserable is not to have enough leisure to wonder whether you are happy or not.

너 자신에게 네가 행복한지를 물어봐라 그러면 너는 행복한 것을 멈추게 된다. 슬픔을 피하는 유일한 방법은 네가 행복한 지 행복하지 않은지를 궁금해할 여유를 갖지 않는것이다.

그래 행복은 과거나 미래에 존재하는 것이지 현재에 존재할 수 없는 것이다. 이 지문을 얼마나 공감하는지 모르겠는데 잘 생각해봐라. 아마 지금 고1인 너희들은 생각한다. 초등학교 시절 정말 행복했는데… 대학가면 행복하겠지…

소설 '꽃들에게 희망을'을 읽고

한마리 줄무늬 애벌레가 있다. 애벌레들이 기둥을 만들며 서로를 밟고 위로 올라가 길래 덩달아 따라 올라가다가 노란 애벌레를 만나 기둥의 정상을 향해 나아가는 경쟁에서 벗어나 사랑을 나눈다.
그리고 서로의 털 하나 하나까지 알 수 있을만큼 서로를 잘 알게된 줄무늬 애벌레는 이전에 오르다 만 기둥의 꼭대기가 너무나 궁금해 노란 애벌레를 떠나 다시 기둥을 오른다.
....
아직 줄무늬 애벌레는 세상에 대해서 궁금한게 많은가보다.

...

미안하다. 너무나 미안하다.

꿈에 책임을 져야 한다

현실이 아닌…
그저 꿈일 뿐이라고 흔히 말하지만…
꿈 속에서 일어나는 그 상황을 판단하여
웃고, 울고, 화내고, 쫓아가고, 도망치는 것은
바로 내 자신이다.
그러므로 나는 내 꿈에, 그 순간의 내 판단에
가장 솔직하게 드러나는 내 자신의 모습에
책임지고 반성해야한다.

스파이

이야기를 함 만들어보자.

한 사내가…

국가의 반 강제적인 명령으로

스파이가 되었다.

완벽하게 자신의 임무를 수행하기 위하여

남한에 내려와서

어느 여인과 결혼해서 아이도 낳았다.

북한에 아내와 자식을 남겨둔 채..

그런데… 10년 뒤…

자신이 스파이란 것이 발각나고 말았지.

울며 아내가 외친다.

"이제 연극은 끝났어요!"

스파이가 애써 변명한다.

"맞소, 당신말대로 전 스파이 였습니다.

그러나 전 지금,정말 당신과 자식을 사랑하게 되었소!"

그러나 그도 잘 알고 있었다. 자신의 외침이..

자신마저도 설득할 수 없다는 사실을…

버림받은 그는 북에 두고온 아내와 자식을 생각했다.

한참을 고민하고

그리고 결론을 내렸다.

이제 자신이 할 수 있는 일은

그동안 힘들었을 그들을 보살펴야 하는 것이라고

그리고 북에가서

낯선 남자의 품에 안겨 웃고있는 아내와 자식을 보았다.

…

그는 무엇을 사랑한 것일까?

남한의 가족들에게서나 북한의 가족들에게서나

그는 인정받을 수 없다.

심지어… 자신마저도,

자기 스스로를 용납할 수 없지…

아무리 궁리하고 노력해봐도… 그저 모든 것이 너무나 혼란스러울 뿐이다.

날 질투하나?

The power of accurate observation is commonly called cynicism by those who have not got it.
정확한 관찰의 힘은 이를 갖지 못한 자들에 의 해 냉소로 불리운다.
- 조지 버나드쇼

옛날에 군대에서 고참과 이야기를 나누던 중 갑자기 그가 이야기 했다.
"넌 누구나 알 수 있는 것을 이야기한다."

그 순간 난 그저 생각했다.
'날 질투하나?'

얼마전엔 이제 막 알게 된 사람과 저녁을 먹으며 이야기하는 도중 그가 갑자기 이야기했다.
"이야기의 지평이 상당히 넓으시네요. 역시 문과시네요."

그때도 드는 생각은 단지…
'날 질투하나?'

클래식에 관하여

학창시절 '문학사'라는 과목을 수강했다. 학생들 각자가 하나씩 문학 작품을 선정해서 이를 발표하는 식으로 수업이 진행되었다. 친구들이 매주마다 자신들이 선정한 작품에 대해서 발표하는 것은 내게 많은 기대를 갖게했다. 그러나 머지 않아 그 기대는 실망으로 바뀌었다. 그들은 단지 인터넷에 '노인과 바다', '파우스트' '로미오와 줄리엣'등의 단어들을 입력하고 다른 누군가가 쓴 글들을 여기저기 짜깁기해서 발표자료를 만들고 이를 수업시간에 읽는 것일 뿐이었다. 본인들 스스로가 작품을 읽지 조차 않았다.

초등학생들의 한글 읽기 시간도 아니고, 그들의 발표는 나를 숨막히게 했다. 그리고 몇주의 시간이 흘러 내가 발표할 차례가 되었다. 폰타네의 '에피 브리스트'라는 작품을 맡은 내 발표는 달랐다. 남자 둘, 여자 둘의 서로 얽힌 불륜과 사랑의 이야기를 나는 '타이타닉' '메디슨 카운티의 다리'등 내가 아는 불륜 이야기들과 비교하며 발표를 이어나갔다. 특별한 발표자료도 없었지만, 원고를 보지 않고 학생들 각각의 얼굴을 보면서 이야기하는 내 발표는 모두가 귀를 기울이게 했다. 그리고 전에 없던 박수와 함께 나는 강단에서 내려왔다. 그러나 교수님은 내 발표뒤에 웃으면서 한마디를 하셨다.

"자신의 작품이 저속한 헐리웃의 삼류 영화들에 비교당한 것을 알면 폰타네가 무덤에서 통곡하지 않을까?"

그 순간 다시 강한 반발감이 생겼다. 작품이 살아남았다는 것에 대해 클래식에 경의를 표하지만, 무엇을 기준으로 교수님이 현대의 작품을 무시하는지 이해할 수 없었다. 그래서 다시 한마디를 건넸다.

"제 생각은 다릅니다. 모짜르트나 베토벤이 음악을 만들 때 그들은 그당시 유행하는 음악을 만들었고 그 당시 사람들의 마음을 사로잡길 바랐을 뿐입니다. 곡을 만들면서 그들이, 후세에 길이 남을 곡을 만들겠다는 생각을 가졌을 것이라 생각하진 않습니다. 우연히 그들의 곡이 살아남았고 그래서 클래식이 되었을 뿐입니다. 저는 오늘 200년이나 지난 작품을 오늘날의 작품과 비교함으로써, 클래식을 새롭게 되살렸습니다."

깊이에의 강요

단편 소설을 하나 소개해 볼게. '파트리크 쥐스킨트'의 '깊이에의 강요.' 젊고 유능한 여류 화가가 있었다. 항상 엘리트 코스만을 밟고 살았지. 그런데 어느날… 신문에 어느 평론가가 그녀의 작품에 대해서 논평을 한다.
"그녀의 작품은 잘 그린 그림이지만 깊이가 없다."
그 한마디가 그녀의 모든 것을 바꾸어 놓는다. 연회장에서, 거리에서… 만나는 사람마다 그녀에게 이야기하지…
"당신의 그림은 깊이가 없다."
그녀는 고민에 빠져들기 시작한다.
"왜 나의 그림에는 깊이가 없는 것일까?"
그러나 아무런 해답도 찾을 수가 없었습니다. 술에 찌들어… 더이상 그림을 그리지도 못하고 자신의 그림을 찢어버리고… 계속해서 방황을 거듭하는 동안… 결국 그녀는 높은 탑에 올라가 뛰어내림으로써… 그 삶과 고민을 끝맺는다. 그리고 며칠 후… 신문에 그녀의 죽음이 떠들썩하게 보고된 뒤 전에 그녀의 작품을 평론한 그 평론가가 다시한번 논평을 한다. 그녀의 죽음을 애도하는 말을 시작으로 해서…

"소박하게 보이는 그녀의 초기 작품들에서 이미 충격적인 분열이 나타나고 있지 않은가? 사명감을 위해 고집스럽게 조합하는 기교에서, 이리저리 비틀고 집요하게 파고듦과 동시에 지극히 감정적인, 분명 헛될 수밖에 없는 자기 자신에 대한 피조물의 반항을 읽을 수 있지 않은가?"

소설은 이렇게 끝이 난다.

자신이 던진 한 마디가 그녀를 죽음으로 이끌었다는 것은 알지 못한채.. 단지 그녀가 죽은 뒤에야. 그럴듯하게 그녀의 작품에 깊이를 부여하는 평론가…

자신의 그림을 그리는 이유조차 갖지 못해 평론가의 고상한 척에 흔들리고 방황하는 젊은 여류화가… 작가는 그 둘 모두를 조롱하고 있는 것이 아닐까? 책 표지에 있는 쥐스킨트의 사진을 살펴본다. 손가락을 입술에 갖다대고 어느 한곳을 응시하고 있는… 마치 자신의 소설에 대해서 논평하는 많은 학자나 전문가들에게 이야기하는 그의 목소리가 들리는 듯 하네.

"너희들을 위해서 쓴 글이 아니다."

이류 미술관

(A), (B), (C)의 각 네모 안에서 문맥에 맞는 낱말로 가장 적절한 것은?

It is not necessary that all museums satisfy the same interests. Even second-rate museums have their place in the world, as does bad art. They give us instances for (A) [admiration / comparison] and sharpen our sensibility. There is a pleasure in assessing them that is unlike the reverential bow to the masterpiece. Indulgence in (B) [approval / disapproval] also has its comforts, and trying to figure out what is wrong or why something fails to work is every bit as rewarding as, and sometimes more enlightening than, affirming the good and successful. Museums offer a safe environment in which downsides and other sides of things can be explored and exposed without devastating consequences. With few exceptions, inferior museums are relatively (C) [harmful / harmless] and may be left to collapse of their own weight.

＊reverential 경건한

      (A)   (B)   (C)

① admiration approval harmful
② admiration disapproval harmless
③ comparison approval harmless
④ comparison disapproval harmful
⑤ comparison disapproval harmless

모든 미술관들이 동일한 관심을 충족시킬 필요는없다. 훌륭하지 않은 예술이 그러한 것처럼

(세상에서 자기 자리가 있는 것처럼), 심지어 이류 미술관들도 세상에서 자기 자리가 있다. 그것들은 우리에게 비교를 위한 예를 제공하고 우리의 예술적 감성을 향상시킨다. 명작에 대해 경건하게 고개를 숙이는 것과는 다른, 그것들을 평가하는 즐거움이 있다. 못마땅함에 빠지는 것 또한 나름의 낙이 있고, 무엇이 잘못되어있는지 혹은 왜 어떤 것은 효과가 없는지를 알아내려고 애쓰는 것은 어느 모로 보나 좋고 성공적인 것을 긍정하는 것만큼이나 보람이 있으며, 때때로 그것보다 더 깨우침을 준다. 미술관은 사물의 부정적인 면과 다른 측면들이 파괴적인 결과 없이 탐색되고 노출될 수 있는 안전한 환경을 제공한다. 거의 예외 없이, 질이 떨어지는 미술관들은 비교적 무해하고 그 자체의 무게로 (저절로) 망하도록 내버려 두어도 된다.

간단히 말해서 이류 미술관을 방문하는 것도 왜 이 미술관이 쓰레기인지 파악할 기회를 제공하기 때문에 방문할 가치가 있다는 말이네.

정답이 5번인데 정답률이 상당히 낮네. 음.. 그리 맘에 드는 글은 아니다. 솔직히 혐오스럽기도 하다. 이 글의 저자는 무엇으로 일류와 이류를 나누는가? 만화책에도, 무협지에서도, 광고 전단지에서도.. 인간의 모든 활동은 예술이 될 수 있고 이에 대한 평가는 사람들 각자가 하는 것이 아닌가? 무슨 권리로 이 글의 저자는 일류와 이류 예술관을 나누고 이를 조롱하는가? 이를 나누는 이 글과 이 글의 저자가 이류이고 쓰레기가 아닌가?

음… 가만… 생각해보니… 이 글을 이류로 여기는 나역시 이 글의 저자와 다를 바가 없구나. 오늘은 아일랜드 극작가 버나드 쇼의 말로 수업을 마무리하자..

The older and wiser a person is, the less he wants to sort things out. I just want to get up, wish you all the best and leave.

사람은 더 나이들고 더 현명해 질수록 덜 구별하길 원한다. 나는 단지 일어나서 너에게 행운을 빌어주고 떠나길 바란다.

2014 가정통신문

대교약졸(大巧若拙): 크게 솜씨가 뛰어난 것은 마치 서툰 것처럼 보인다. 이는 정말로 큰 기교는 너무나 연스러워 꾀도 쓰지 않고 자랑하지도 않기 때문이다.
- 노자의 도덕경 중에서

월드컵 기간이 한창인 지금 8강에서 벨기에와 아르헨티나의 경기를 보는 도중, 선수 출신 '이영표' 해설위원이 갑자기 '진정한 수비수'에 대해서 이야기합니다.

"진정 훌륭한 수비수는 화면에 가장 안 나오는 선수입니다. 그것은 그만큼 자신이 담당하고 있는 선수에게 철저히 달라붙어 공을 만질 기회를 주지 않는 다는 것이기 때문입니다."

한 번도 생각해 본적이 없지만 생각 할수록 맞는 이야기입니다. 공의 움직임에 따라 화면이 움직이는 축구 경기에서, 분명 몸을 날려 공을 막고, 태클로 공을 빼앗는 것이 훌륭해 보이지만 그보다 더 대단한 선수는 그 공을 만질 기회조차 주지 않도록 악착같이 달려드는 선수입니다.

그리고 이 이야기는 학생들에게 영어를 가르치는 저희들의 모습을 돌아보게 만듭니다. 영어 강사들의 모습은 참으로 다양합니다. 많은 강사들이 무엇을 어떻게 가르쳐야 하는지에 대한 확신 없이 적당히 영어지문을 학생들에게 해석해 주는 것이 영어를 가르치는 것이라 생각합니다.

때로는 맡고 있는 학생들을 즐겁게 해야 한다는 생각에 가르칠 내용보단 그날 할 농담의 준비가 우선인 선생들도 있습니다.

인터넷 강의 속의 소위 스타강사들은 수업시간의 상당 부분을 자신들이 얼마나 훌륭한 선생인가를 어필하는데 소비합니다. 문제를 푸는 요령을 알려준다고 어설프게 학생들을 현혹하는 선생들도 있습니다.

개념에 대한 이해보단 숙제 양으로만 승부하려는 선생들도 있습니다.

이 모두가, 많은 문제가 있는, 기껏해야 화면에 좀 더 나오기를 바라는 어설픈 수비수에 불과합니다.

진정한 선생이라면, 학생들에게 개념을 가르치고 다시 그 내용을 학생들에게 질문하고 그 제자들의 입에서 무슨 말이 나오는지에 귀를 기울이고 그를 통해 그들의 이해 정도를 확인하는 것이 진정한 선생의 모습입니다.

이것이 이영표가 말한 '화면에 나오지 않는 수비수'의 모습이고 노자가 말한 '대교약졸'의 모습이라 생각합니다.

중간고사 기말고사 등의 학교일정에 얽매이지 않고, 학생들의 실력을 한 단계 상승시킬 수 있는 귀중한 여름방학을 맞아, 우리 자신의 모습을 돌아보고 새로이 다짐합니다.

한 문장을 가르친다 하더라도 왜 그렇게 해석될 수밖에 없는 지를 학생들에게 이해시키고 진심으로 학생들을 변화시키는, 그래서 그들이 졸업 후에도 계속해서 선생님과의 연락이 끊기지 않고 매년 12월마다 있는 학원 동문회에 찾아오는 진정한 스승과 제자의 관계가 될 수 있도록 최선의 노력을 다하겠습니다.

홍콩

아이를 갖고 싶은 한 여인이
갓 태어난 남의 아이를 안고 도망갔다.
아이를 잃은 또 여인은 애타게 아이를 찾는다.
그토록 원하던 아이를 얻게된 여인은
사랑과 정성을 다해 아이를 키운다.
어른이 되어 진실을 알게 된 아이는
친모의 곁으로 돌아갔지만
납치범 엄마의 정성을 그리워한다.

가후전

소설 삼국지에서 그 누구보다도 화려한 업적과 인생을 살고도 그만큼 인정을 받지 못하는 이가 지금 내가 이야기 하고 싶은 '가후'가 아닌가 한다. 서량 출신으로 동탁 밑에 있다가, 사도 왕윤의 그 유명한 미인계로 동탁이 암살당하자 이각 곽사를 따라 도망을 하던 중 때마침 동탁의 고향을 지나게되어 그곳에서 이각 곽사를 부추겨 난을 일으켜 전세를 뒤집는다.

조조와의 전쟁에서는 그의 오른팔 전위와 큰아들 조앙을 계략으로 죽이고 그럼에도 불구하고 과감한 결단으로 장수를 설득해 조조의 수하로 들어간다. 원소와의 관도대전에서는 흔들리던 조조의 결심을 굳히고, 서량에서는 한수와 마초를 이간질 시켜 스스로 무너지게 하고, 말년에는 조조의 큰아들 조비를 도와 위왕으로 세웠다.

또한 자신의 계획을 말함에 있어, 상대의 성격과 기분을 파악해서 조심스럽게 말하는 능력은 삼국지 최고의 모사로 일컬어지는 제갈량에게서도 볼 수 없는 것이 아닌가 한다.

누구를 세자로 삼아야할지 질문하던 조조에게 가후는 짐짓 못들은체 한 뒤 그가 재차 문자 말한다.

"죄송합니다. 잠시 원가와 유가를 생각하고 있었습니다."

큰아들을 제치고 둘째 셋째에게 왕위를 물려줬다가 국력이 약해진 원소와 유표를 말함이었다.

또한, 셋째 조식의 지식과 문장력에 눌려 왕위 승계를 걱정하던 조비에게는 전장에 나갈 때 마다 아버지 앞에서 눈물을 보이라는 감정에 호소한 전략을 세워 아버지의 마음을 얻게 한다.

그 모습은 왕위승계에 함부로 끼어들었다가 미움을 산뒤 결국 조조가 말한 계륵의 의미를 파악하고 함부로 움직여 처형을 당한 양수의 삶과도 극명하게 대비된다.

혹자는 여러번 주인을 바꾼 그를 비난하기도 하지만, 그 내면을 자세히 들여다보면 그가 정도에서 벗어난 일은 단 한번도 하지 않았음을 알게된다. 그를 주인공으로 한 삼국지가 있음 그 또한 재미있는 소설이 될 수 있지 않을까?

그는 제갈량처럼 모든 것을 자기 혼자 처리하려고 애쓰지도 않았고, 사마의처럼 항상 주군의 의심을 두려워하지도 않았고, 주유처럼 누군가에게의 열등감을 갖고 있지도 않았고, 양수처럼 자기가 아는 것을 드러내고 싶어 안달하지도 않았고, 순욱처럼 자신의 주장이 관철되기를 고집하지도 않았다. 예형처럼 거만하지도 않았고, 공융처럼 고지식 하지도 않았고, 허유처럼 탐욕스럽지도 았았다. 정론을 펼쳐야 할 때와 유연하게 대처할 때를 판단하며 오직 자신의 머리만을 믿고 난세를 살아남았다.

네가 없는 것을

너는 현실 적이고
나는 비 현실적인가?
나는 누구나 할 수 있는 말을 떠들고 있고
너는 그냥 알면서도 가만히 있는 것인가?
헤이,
왜 내 앞에서 너와 나를 구분짓고 있지?
내가 물어보지도 않았는데?
우리 그냥 좀 더 솔직해지자…
그냥…
네가 없는 것을
내가 갖고 있는 것이 아닐까?

완벽하게 안 완벽한

우리가 가르치는 것에 확신이 있고 이를 알리고자 지난여름 우리는 설명회를 준비했다. 좀 더 효과적인 전달을 위해 한 달 동안 저와 세 명의 동료들이 여러 차례 모여 어떻게 하면 좀 더 효과적으로 우리를 알릴 수 있는지 의논과 연습을 했다. 그리고 발표 이틀 전 우리의 꼼꼼한 준비와 별개로, 수업시간에 나는 고1, 고2의 세 명의 제자들에게
"설명회에 와서, 우리 학원에 대해 너희가 생각하는 것을 한 마디씩 해줘"라는 부탁을 했다. 고맙게도 셋 모두 이를 받아들여줬지만, 대본도 없고, 제대로 발표를 준비할 시간도 없다.
나는 이들이 무대에서 어떤 이야기를 할지도 모른다. 그러나 이는 의도된 것이야.. 자연스러움이 갖는 설득력의 효과를 알기 때문이지.
여러 학부모님들 앞에서 그들은 정말 '완벽하게 안 완벽했다.'

사실 완벽한 모습이란 그저 말 잘하는 약장수의 모습으로 보이기 쉽다. 무대에서 보이는 그들의 어눌하고, 긴장된 모습이야말로 그 무엇보다도, 우리의 진실을 효과적으로 전달하는 것이다.

노아의 방주

머릿속에 구상하고 있는 영화 시나리오가 있다. 제목은 '노아'.
노아의 방주 이야기는 교회를 안다니는 친구들도 다들 알고 있지? 타락한 세상에 유일하게 의인인 노아만이 구원을 받아 방주를 만들어 살아남은 이야기…
그러나 내 영화 속의 노아는 다른 캐릭터다. 일단 영화속 배경부터 이야기해서, 전에도 말했듯 난 고대문명을 믿는다. 오늘날의 문명과 비슷한 고대 문명이 예전에도 있었고 그것이 파괴되어 다시 문명이 피어났다는 것이지. 수십억 년의 지구의 역사 속에 인간의 역사는 만년이 안되는 것을 감안할 때 충분히 가능성있는 이야기지 않을까? 우리는 아직도 이집트의 대 피라미드를 어떻게 고대인들이 만들 수 있었는지 가늠할 수 조차 없다.
이렇게 우리보다도 더 발달된 고대 문명사회가 배경이 된다. 이 배경 속에서, 인간의 발전은 신을 두렵게 할 정도가 되었다.
오늘날 우리가 인공지능의 발전을 두려워하는 것과 비슷할 수 있지. 그리고 신은 바벨탑 사건에서 보이는 모습처럼 인간의 발전에 분노하고 두려워하여 이들의 문명을 없애기로 마음 먹는다. 그러나 인간들은 이를 눈치챘고 신과 천사들에게 저항하기로 한다. 인간의 저항은 신들의 생각보다 거셌고, 시간이 지날수록 전쟁은 인간들에게 유리해져 오히려 인간들이 신을 없애려는 마음까지 갖는다.
그러나 바로 그 순간, 노아가 자신의 이익을 위해, 자신과 자신의 가족의 안전을 보장받고 신의 스파이가 되어 인간을 배신한다. 그리고 세상은 신이 만든 인공 강우로 멸망을 맞이한다.

어때? 괜찮은 시나리오 아닌가? 종교적으로 비난의 대상이 될 수 있지만, 뭐 댄 브라운의 '다빈치 코드'처럼 적당히 어그로를 끌 수 있어서 오히려 좋을 수도 있고. 문제는 지구가 무너져야 하니 영화 제작 비용이 많이드는 것이겠구나. 하하

부르마불

우리는 부르마불을 하고있다.

우리는 계속해서 주사위를 굴려…

우리는 서로가 나온 다른 숫자를 따라 다른 곳을 여행해왔지만…

우리는 우연히 무인도에서 만나 짧은 시간을 즐겁게 보내고…

우리는 다시 각자의 길을 향해 주사위를 굴리고 있다.

우리는…

언젠가 다시 만날 수 있겠지?

나는 속였다

토탈이클립스란 영화를 보면 시인 베를렌느는 젊은 소년 랭보를 향해 저주하는 마음으로 방아쇠를 당기고, 또한 그 때문에 감옥에 들어가서는 쇠창살을 잡고 랭보에게 자신을 버리지 말라며 매달린다. 소설 '데미안'에 나오는 싱클레어도 마찬가지, 그림 속에서 데미안의 얼굴을 떠올리며 그리워하기도 하고 그를 저주하며 두려워하는 마음을 갖기도하지. 그들은 한 사람에 대해 상반된 두가지 모습을 동시에 나타내고 있다. 그러나 사람들은 보통 이러한 두 마음을 이해하지도, 인정하지도 못한다. 그저 한쪽이 다른 한쪽보다 크면 나머지 한쪽은 자신마저 속이며 무시해 버리지. 그러면서 이렇게 말한다.
"그것은 논리적으로 맞지 않는다."
그들은 결코 싱클레어를, 베를렌느를 이해할 수 없다.
내가 좋아하는 헤세의 시 하나를 소개해줄게. 제목은 "나는 속였다".
너무 오래전에 읽은 글이라 제대로 기억을 못하겠는데 얼핏 생각나는대로 이야기해 볼게.
…

나는 속였다.
나는 늙지 않았다.
아름다운 여인은 모두 나의 맥박과 가슴을 뛰놀게 한다.
정열에 넘치는 벌거숭이 계집들을
흥겨운 왈츠에 흥겨운 박자를
사랑을 속삭이던 밤들을 꿈속에 본다.

성스러운,

첫사랑의 연인과 같은

너무나도 아름답고 순결한 이도 꿈속에 본다.

그리고 그를 위해 울어줄 수도 있다.

…

원장님 화장실 좀 다녀올게요

남곽남취(南郭濫吹): 「남곽(南郭)이 함부로 분다」는 뜻으로, 학예(學藝)에 전문(專門) 지식(知識)도 없이 함부로 날뜀을 두고 이르는 말.
제 나라의 선왕은 사람들에게 '우'라는 악기를 불게할 때 항상 300명이 함께 불 게 하였는데 어느 날 남곽처사가 왕을 위해 연주를 하겠다고 청원하였다. 선왕은 기뻐하여 그에게 많은 돈을 주고 그에게 연주를 시켰다. 그러나 그는 그 악기를 연주할 줄을 몰랐고 단지 수많은 연주가들 사이에서 소리를 내는 척하였다. 그리고 선왕이 죽고 새로 민왕이 즉위했는데 그는 독주를 듣는 것을 좋아하였다. 그리고 남곽처사는 바로 도망쳤다.

학원에서 처음 신입생을 받을 때 학생들에게 몇 개의 문장을 해석 시킨다. 물론 몇 개의 문장만으로 학생들을 평가하는 것이 그 학생을 판단하기에 충분하지 않을 수 있지만, 보통 그 몇 문장들을 해석을 하는 것을 지켜보면 이 학생이 문법의 개념들을 얼마나 활용해서 문장을 보고있는지를 파악할 수 있다.
이는 선생들을 모집할 때도 마찬가지다. 다만 선생님들께는 표현을 좀 더 공손히 한다. "이 문장들로 학생들을 어떻게 가르치는지 보여 주세요"
그리고 수많은 선생님들을 만나보면서 알게 되었다. 얼마나 많은 사람들이 준비되지 않은 채 영어를 가르친다고 덤비는 지를.. 손에 들고 온 화려한 경력의 이력서가 무색하게도 준비가 안 된 문장들을 받아든 선생님들은 먼저 당황한다. 그리고 학생들이 그러하듯 해석을 상상해서 만들어낸다.
...

물론 선생님도 모르는 단어가 있을 수 있다. 원어민들이 사용하는 표현이 익숙하지 않을 수 있다.

그러나 문법의 기본적인 지식들을 독해에 적용하지 못하고 해석을 상상하는 것은 단언컨대 분명 가르칠 자격이 없다.

제대로 된 선생을 찾는 것이 너무나 힘들다는 것은 처음에 나를 무척이나 놀라게 했다. 이는 어쩜 언어라는 특히 외국어라는 학문의 특성일 수 있다. 명확히 답이 떨어지는 수학과 비교해서 영어라는 언어 과목은 무언가 그럴듯한 말로 넘어갈 방법들이 많기 때문이지. 덧셈을 알아야 곱셈을 알수 있고 곱셈을 알아야 방정식을 풀 수 있고 미적분이 가능한, 즉 지식에 위계가 있는 수직적 구조의 수학과 달리 영어는 그저 단어와 지문만 많이 보면 되는듯한 그런 수평적 구조의 학문이라고 많은 이들이 착각한다.

그래서 단지, 1,2년의 어학연수를 다녀온 뒤, 이것을 가지고 자신에게 영어를 가르칠 자격을 부여하는 이들이 많다. 그렇다 보니 문제집 해석본을 들고 와서 학생들을 가르치는 선생들도 있고 수능을 준비하는 학생들에게 답을 찍는 요령을 알려준다며 광고하는 선생들도 있고 그저 숙제만 많이 내어주면 되는 걸로 아는 선생들이 있고 가르칠 내용보단 그날 할 농담이 주가 되는 선생들이 있다.

분명 영어 과목에는 수많은 '남곽'들이 존재한다.

혼자 독주의 기회가 주어졌을 때 그들은 도망갈 수밖에 없다. 면접 때 종종 그 도망의 모습을 직접 보기도한다. 준비되지 않은 문장들을 선생들에게 제시했을 때 분명 그 문장들이 중학교 교과서 정도밖에 되지 않음에도 불구하고 그들은 당황하는 모습을 보이고 기회를 틈타 이렇게 말한다.

"원장님 화장실 좀 다녀올께요."

그리고 사라진다.

용가리 1

한마리의 이무기가 다른 여러 이무기들과 함께 용이 되기 위해 꿈틀거리고 있었다. 왜 용이 되어야 하는지는 그 자신도 모른다. 처음부터 그렇게 머릿속에 각인 되어있을 뿐… 그렇게 용을 향해 나아가던 중 자신이 처지가 다른 이무기들과는 다르다고 생각했는지… 단지 다른 이무기들보다 욕심이 많아서였는지… 자신의 능력을 판단해서였는지… 그 이무기는 주위의 말에 개의치않고 다른 이무기들과는 다른 방향을 택했다. 그리고 어느날… 여전히 이무기인 자신이 용과 싸워서 이길 수 있다는 것을 알게 되었다. 그것이 이무기에게 잠깐의 혼란을 가져다 주었으나 용이 되려는 꿈틀거림을 멈출 수는 없다. 비록 애초부터 그 이유를 몰랐다 하더라도… 지금까지의 자신의 삶을 배반할 수는 없는일이 아닌가…

용가리 2

용이 되는데 아무런 흥미를 느끼지 못하는 이무기는
예전에 함께 용이되길 꿈꾸던 이무기를 만났다.
오랜 세월이 지났지만 변함없이 자신의 꿈을 위해
스스로에게 배수진을 치는 모습이 참으로 좋아보였다.
용이되길 꿈꾸는 이무기는
용이되길 그만둔 이무기를 보며
좀 더 넓은 세상이 있음을 설명하며 안타까워 할 수 있지만
용이되길 그만둔 이무기는
여전히 용이되길 꿈꾸는 이무기가
그저 고맙고
진심으로 행복하길 바란다.

소설을 출간하는 이유

제가 전에도 말씀드렸죠. 선생님이 쓴 글을 읽고 저는 참 많은 것을 공감했지만 아무리 봐도 선생님의 글은 보편적인 대중의 인기를 얻기에는 부족해요
"음.. 그래 니말이 맞다.. 그치만 뭐 대중의 인기를 얻기 위함도 아니니깐"
"그럼 뭐하러 책을 내시려는 건가요?"
"음… 책의 결말에서 말했듯… 누군가를 찾기 위함이니깐.. 아이를 잃은 부모가 아이를 찾기위해 전단지를 만들고 곳곳에 뿌리고 붙이는 것과 같은 것이 아닐까? 난 말야 수 억원을 투자한다고 해도 상관없다. 좋은 일러스트레이터를 찾을 것이고, 가능함 광고도 할것이다."
"하..그 말은 선생님 소설 속의 이야기가 실화라고 봐도 되는건가요?"
"모든 작가는 자신의 삶을 이야기 하는 것이 아닌가? 하하, 영화 'Before Sunset'의 대사를 흉내내본다. 편한대로 생각하렴"
"제가 꼭 한권 사드리죠. 근데 다음에도 또 이렇게 책을 내실 건가요?"
"글쎄… 뭐 사람이 하고 싶은 말이 그렇게 많은 것도 아니구. 무언가 새로운 말을 하고 싶다면 글을 쓰겠지. 그러나 써야할 글을 억지로 떠올리려고 노력하고 싶진 않다… 아! 이건 최근에 생각한건데 말이야. 지금보다 좀 더 시간이 지난뒤에 우화를 쓰고 싶은 생각이 있다. 많은 사람들이 재미없고, 이상하게 여기고, 혹 그것이 불쾌함으로 이끌 수도 있지만, 단 한 사람에게 특별한 의미로 다가올 수 있는 우화. 괜찮을 것 같지 않니? 하하하."

넌

넌… 기억 못하겠지만, 두살쯤엔가 발등위에다 공을 올려 놓으려고 하더라. 몇 시간이고 계속했지. 그치만 둥그런 공이 발등에 오를 수가 있겠니? 계속하던 모습이 얼마나 우습던지… 그런데 한창을 하더니 제법 발 등위에 공을 오랫동안 올려 놓더라고…

넌… 어린 나이에 너무나 많은 것에 정의를 내렸다. 그런 사람은 타협하지 않는.. 보통 고집불통으로 보이기 쉽지.

넌… 그동안 내가 만난 이들 중에 내 맘대로 안 움직여주던 유일한 사람이었다. 뭐 그것이 약간은 좋은 점도 있었지.

넌… 너가 왕인줄 안다. 환경의 차이겠지. 나는 일찍부터 일을 하면서 눈치를 보는 것이 습관이 되었지만 너의 환경은 반대야.

넌… 날 맞춰준 것이 아니야. 오히려 내가 맞췄지. 그것은 니가 변하지 않을 것이란 것을 내가 알았기 때문이야.

넌… 남의 말을 잘 들어주는 척 한다. 사소한 것에 말이야.. 그러나 정작 중요한 것에서는 단지 니가 하고 싶은 대로만 하지.

넌… 너의 세계가 너무 뚜렷하다. 나는 니가 좀더 많은 곳을 다녔으면 좋겠어. 네가 속한 세계가 전부가 아니라는 것을 알았으면 한다.

확증 편향에 사로잡혔다

F. Scott Fitzgerald thought that the test of first-rate intelligence was the ability to hold two opposed ideas in mind at the same time and still function. The eons shaped our brains in the (A) direction. Confirmation biasis a term for the way the mind systematically avoids confronting contradiction. It does this by overvaluing evidence that confirms what we already think or feel and undervaluing or simply disregarding evidence that refutes it. Testimony from members of the Crow tribe about the destruction of their culture provides an extreme and tragic example of this. A man named Plenty Coups reported that "when the buffalo went away, the hearts of my people fell to the ground and they could not lift them up again. After this nothing happened."

He was not alone in describing the depth of despair as the end of history. "Nothing happened after that," another Crow warrior said. "We just lived." The emotion was so strong that the brain (B) evidence of the continued existence of normal, everyday life that might have eased it.

(2014 수능 36번)

① opposite - retained ② opposite - rejected ③ wrong - validated
④ same - falsified ⑤ same - overlooked

F. Scott Fitzgerald는 최상의 지능에 대한 평가 기준은 두 가지 상반된 생각을 동시에 머릿속에 담고 있으면서 계속 정상적으로 사고하는 능력이라고 생각했다. 오랜 세월은

우리의 뇌를 반대 방향으로 가도록 맞추었다. 확증편향은 정신이 모순된 사실에 직면하는 것을 조직적으로 회피하는 방식을 설명하는 용어이다. 그것은 우리가 이미 생각하거나 느끼는 것을 확인시켜 주는 증거를 과대평가하고 그것에 반대되는 증거를 평가절하하거나 또는 단순히 무시함으로써 그러한 일을 수행한다. Crow 부족의 구성원들의 그들 문화의 파멸에 대한 증언은 이에 대한 극단적이고 비극적인 사례를 제시해준다. Plenty Coups라는 이름의 남자는 "들소가 사라졌을 때 부족 사람들은 몹시 낙담하게 되었고 활기를 되찾을 수 없었습니다. 그 이후에는 '아무 일도 일어나지 않았어요.'"라는 말을 전했다. 그 사람만이 그러한 깊은 절망감을 역사의 종말로 설명한 것은 아니었다. "그 이후에는 아무 일도 일어나지 않았어요. 우리는 그냥 살았어요."라고 또 다른 Crow부족의 전사가 말했다. 그 감정이 너무나 강렬하여 그것을 누그러뜨릴 수도 있었던 정상적인 일상생활이 지속적으로 존재한다는 증거를 뇌가 거부해버렸다.

이 문제 아무리 봐도 이해할 수 없다. 일단 확증편향 즉 자신의 신념과 일치하는 정보는 받아들이고 신념과 일치하지 않는 정보는 무시하는 성향을 말하는 지문인데, 앞의 지문을 보면 최상의 지능이란 두 가지 상반된 생각을 동시에 가지고 정상적으로 사고하는 능력이고 '오랜 세월은 우리의 뇌를 __A__ 향으로 가게 만들었다'에서 여기에 들어갈 말을 찾는 지문이다.
아래에 인간이 확증편향을 갖게 되는 예에 비추어 볼 때 여러 생각을 갖던 인간의 뇌가 한 가지 생각만 하게 되었음을 가리키는 내용이 A 빈칸에 들어가야 한다. 헌데 3번의 wrong은 거리가 있지만 보기의 same 과 opposite 은 같은 말이 될 수 있는 것이 아닐까? 무슨 말이냐면 오랜 세월은 우리의 뇌를 같은 방향으로 가게 만들었다는 지문과 오랜 세월은 우리의 뇌를 다른 방향으로 가게 만들었다는 지문이 둘 다, '인간이 여러 생각을 동시에 갖지 못하게 되었다' 즉 '확증편향을 가지게 되었다'는 말이 되지 않느냐는 말이다.

이해하기 어렵니? 다시 한 번 설명해 보자. 답지가 의도하는 것, 즉 다른 방향으로 갔다는 말은 이해할 수 있다. 예전에 두 가지 생각을 하던 뇌가 한 가지 생각을 하게 되었으니 전과 다른 방향으로 갔다고 말할 수 있겠지. 그러나 다시 인간의 뇌가 다른 방향이 아니라 한쪽 방향으로만 나아가니 인간의 뇌가 한 가지 생각만 하게 된 것이 아니겠느냐? B번 빈칸에서 거부하다, 간과하다가 비슷한 의미로 쓰일 수 있으니 난 이 문제를 풀 수 없다.

"선생님 좀 더 일반적인 기준으로 문제를 생각하셔야지 않을까요? 예전과 달라졌다면 당연히 뇌가 다른 방향으로 갔다라고 보는 것이 일반적이죠."

"음… 네가 이 문제를 맞춰서 내 말을 받아들이기 어려운가 보구나? 다시 한번 생각해봐라. 어쩜 너야말로 이 지문에서 말하는 확증 편향에 사로잡혀 내 이야기를 받아들이기 어려운 것일 수 있다. 이 지문은 단지 확증 편향을 갖게 되는 인간을 추상적으로 표현한 것이지 정말로 뇌가 발이 달려서 뛰는 것이 아니잖으?"

거만에 관하여

내가 좋아하는 작가들은 저마다 글을 쓴 시대도 사상도 다른데…
하나의 공통점을 가지고 있다…
모두 거만하다는 것이지… 그 정체를 알 수 없는 거만함…
니체는 이런 말을 한 적이 있다.
내 글은 차가운 고지의 공기이다.
내 글을 읽으려면 그만한 자질을 가지고 있어야 한다.
그렇지 않으면 감기에 걸리기 십상이니 말이다.
얼음은 가까이에 있고 고독은 엄청나리만큼 지독하다
물론 옆에서 친구가 이런 말 하면 아마 때려주고 싶을 것이다…
그러나 적어도 자신의 글을 남기려 하는 작가라면…
이 정도의 긍지는 있어야 하지 않을까?
헤르만 헤세는 소설 '데미안'의 서문에서 이렇게 말한다.
누가 내 글을 읽고 12살짜리 소년이 어떻게 이런 생각을 할까 하고 생각하는
사람들이 있을지 모른다. 그러나 나는 결코 그러한 자들을 위해
내 글을 남기는 것이 아니다.
내 글은 '인간에 대해 보다 깊이 아는 자'들을 위해서 쓰여진 것이다.
시인 노천명도 '노루'란 시에서 이렇게 말하잖아.
'모가지가 길어서 슬픈 짐승이여!'
영화 토탈 이클립스에서 소년 시인 '랭보'는 파리의 유명한 시인들이 모여있는 연회
장의 한 테이블 위에 올라가, 지팡이로 그 시인들을 향해 삿대질하며 이렇게 말한다.

"너희들은 모두 쓰레기야."

그러나 이들이 단순히 건방지기만 한 것은 아니다.

스스로를 불태운다는 헤세의 시처럼

고독이 지독하다는 니체의 말처럼

이들은 자기 자신에게 두 가지 생각을 동시에 하고 있다.

난 남들과 다르다는 스스로의 긍지감과

왜 나 혼자만 이렇게 엉뚱할까 하는 스스로의 자괴감을…

그런 이들을 직접 만나보는 것은 어떤 느낌일까?

자신만의 향기에 둘러싸여.. 낯선 사람들 사이를 방황하는 듯한 그들의 모습을 본다는 것은…

정아에게

Your children are not your children. They are the sons and daughters of life's longing for itself. They came through you but not from you and though they are with you yet they belong not to you. - Kahlil Gibran
당신의 아이들은 당신의 아이들이 아닙니다. 그들은 삶의 열망 그 자체의 아들과 딸들입니다. 그들이 당신을 거쳐서 왔지만, 그들이 당신으로부터 온 것은 아닙니다. 그들이 당신과 함께 있다고 해서 그들이 당신에게 속한 것은 아닙니다.

정아야
오늘은 신나는 정아의 생일이야.
아빠는 정아의 여덟 살 생일을 맞이해 책 한 권을 선물한다.
아직은 정아에게 어렵겠지만 이 책은 아빠가 만든 영어 문법 책이야.
'Kill 대수'
제목이 좀 무섭지?
그러나 무서운 책은 아니야.
영어를 좀 더 재밌고 쉽게 가르치기 위한 책이야.
아빠는 이 책으로 영어를 공부하는 많은 친구들을 돕고 싶어.
그리고 언젠가 정아도 이 책으로 영어를 공부하고
영어를 더 잘하게 된다면
아빠는 너무나 행복하겠지?
그렇다고 정아가 열심히 공부만 하라는 것은 아니야.

아빠는 정아가 항상 즐거웠으면 좋겠어.

뭘 하면 정아가 즐거울 것인지 생각해 봐.

그리고 하고 싶은 것이 생각나면 언제든 이야기해 줘!

아빠는 정아를 위해 무엇이든 해주고 싶거든.

책을 읽을 때도

공부를 하기 위해 책을 읽는 것보단

즐겁기 위해서 책을 읽었으면 좋겠어.

정아가 '밍꼬 발랄', '흔한 남매'를 읽을 때처럼 말이야.

그리고 정말로 재밌고 웃긴 이야기들이 있음 아빠에게도 꼭 들려줘!

아빠는 정아가 책 이야기를 들려줄 때가 너무 좋아.

책을 요약해서 들려준다는 것은

글을 읽고 생각한다는 것이고

이것은 정말로 중요한 습관이야.

보면 볼수록 아빠를 즐겁게 하는 정아야.

아빠가 쓴 영어 문법책 'Kill 대수'

꼭 잘 간직해야 해!

다시 한번 정아의 생일을 축하한다!

아빠 딸로 태어나줘서 고마워.

작가의 것이 아니다

'Once a book is printed and published, it ceases to be the property of the author.'

자… 이 문장 다시 해석해 봐.

여기서 'Once'를 '한 번'이라고 해석하면 어쩌자는 거야?

전에도 본 적 있자너 접속사 'Once' 해석은 '일단 ~하면' 정도로 하고…

그럼 'published'까지가 'Once'가 이끄는 부사절일 테고…

'it'이 주어로 쓰였지? 앞에 'a book'을 받으면서…

'ceases'가 본동사가 되고… 뒤에 to 부정사가 목적어로 쓰였고…

자 그럼 다시함 해석해 보자.

'일단 책이 인쇄되고 출판되고 나면,

그것은 더 이상 그 작가의 소유물이길 그만둔다.'

음 근데 꽤 좋은 글이군…

잘들 생각해 봐.

출판되어 나온 책은 그 글을 읽고 받아들이는 독자들의 것이지…

더 이상 그 글을 쓴 작가의 것이 아니야.

이 문장 외워둬!

무슨 엉뚱한 생각을 하면서 살았기에

나는 지금도

생텍쥐페리가 그러했듯이…

내가 쓴 소설을… 그리고 이야기를…

삶에 대해 무언가를 알고 있는 사람을 만날 때마다 펼쳐 보인다. 그리고 그들의 반응을 본다.

어떤 이는 내 글을 읽고 어렵다 그러고

어떤 이들은 내 글을 재미없다 그러고

어떤 이들은 내 글을 딱딱하다 그러고

또한 어떤 이들은 잘 모르겠다고만 한다.

어쩜 모두 같은 말인데 단지 나와의 친밀도에 따라 그 표현이 달라진 것 같기도 하다. 그러나 아주 가끔씩 마치 내가 대단한 이야기를 쓴 것처럼 보는 이들도 있다. 그들을 보면 솔직히 내가 더 신기하다. 이 녀석들은 무슨 엉뚱한 생각을 하며 살았기에 내 이야기를 재미있게 볼까?

노래방에서

아버지 제가 5년 전에 불러드린 노래를 다시 불러 드리겠습니다

조용필의 꿈

화려한 도시를 그리며 찾아왔네

그곳은 춥고도 험한 곳

여기저기 헤매다 초라한 골목에서 뜨거운 눈물을 먹는다.

저기 저 별은 나의 맘을 알까

나의 꿈을 알까

외로울 땐 슬픈 노래를 부른다.

슬퍼질 땐 차라리 나 홀로 눈을 감고 싶어 고향의 향기 느끼면서…

음… 5년 전 이 노래를 들었을 때에는 눈물이 났는데…

이제는 아무렇지도 않네.

그런가요? 홈… 노래 실력이 줄었나? 하하하

그래 네 노래 실력이 줄었나 보다.

예술가

예술가를 꿈꾸는 이들은
예술가를 꿈꾸기 때문에
예술가가 될 수 없다.
우리는
자신만의 세계에서 시대를 무시하는 artist(예술가)가 아니라
세상의 기대치에 부응하는 artisan(장인)을 꿈꿔야 한다.
더 이상 그 장인의 기술이 필요 없는 시대가 되었을 때
그 장인이 사람들에게 혹시라도 기억된다면
그는 자신도 모르는 사이에 예술가가 된다.

앵무새

세상에는 정말 많다. 아무런 생각 없이…그저 주위에서 들은 글들이 어느덧 자신의 머릿속에 주입되어 앵무새같이 떠벌리는 이들.
…

단지 몇 마디만 나누면 쉽게 알 수 있다. 정말 의식을 갖고 데모를 하는지. 그저 분위기에 휩쓸려 화염병을 손에 쥐고 있는지.
자신만의 생각을 갖고 사회를 비판하는지, 단지 신문에서 읽은 몇 개의 사설을 자신의 것처럼 떠벌리고 다니는지.
정말로 고흐의 그림을 아름답게 바라보는지 아니면 그의 명성에 기대어 그림을 평가하는지.

지식을 말하는 것이 아니야. 능력을 말하는 것이 아니야.
그저 자신에게 솔직하라고. 괜히 고상한 척한 적지 말고. 진지하게 자신을 들여다 봐. 무엇을 좋아하고 무엇을 바라고 있는지.

영화 '신의 한 수'를 보고

적어도 이 영화가 바둑 영화라면 생명을 건 승부는 적어도 손모가지를 건 승부는 바둑에서 났어야 한다.

영화 '타짜'가 화투판에서 승부가 나듯 드라마 '올인'이 포커판에서 승부가 나듯 바둑이 그 무엇보다도 중요한 결정을 맺는 요소라야 한다. 허나 이 영화에서의 바둑의 승부는 아무 의미가 없다. 바둑판을 뒤엎고 난 뒤의 주먹으로, 손에 든 무기로의 승부가 중요할 뿐… 이러한 비난을 염두에 둔 것인지 제작 측은 '바둑을 소재로 할 뿐, 바둑 영화가 아니라는 이야기를 했다.'

그러나 그렇다면 이는 아무런 의미가 없는 수많은 바둑장면들을 참 의미 없이, 80년대의 '성룡 무술영화'와 연결시킨 것이 된다. 이렇게 보든, 저렇게 보든 바둑의 꾼들이 바둑을 하찮게 만들어 버리는 영화다. 한국 영화계에서 패착이자 곤마일 뿐이다.

사람의 아들

소설을 하나 이야기해 볼게.

내가 읽은 책은 아니고,

친구가 들려주는 이야기를 들었는데 그것도 오래전 일이라

정확한 스토리인지는 잘 모르겠다.

이문열의 소설 '사람의 아들'에서…

한 청년이 있었다.

독실한 크리스천이었지.

그러나 어느 날 자신의 신앙에 대해, 모순을 느끼게 되고, 그로 인해 갈등을 시작한다.

그리고 한참을 고민한 뒤 자신만의 새로운 교회를 만들지.

자신의 교리를 따르는 신도들이 모이고…

근데 우리의 주인공이 이번엔 또

자신이 만든 교회에 모순을 느끼게 된다.

그래서 다시 예전의 교회로 돌아가지.

그러나 그러한 그의 고민과 행동을

그가 모은 신도들에게 인정받을 수 는 없었다.

결국 그는…

그의 신도들에 의해 그는 죽음을 맞이하게 되지…

괜찮은 소재의 이야기 아니니?

너…

날 너무 좋게 보지 마…

기대하지도 말고.

난 내 자신에 대한 생각만으로도 벅차단다.

아무래도 미리 확실히 해둘 필요가 있겠다.

잘 들어.

네 생각과, 네 삶은

전적으로 네게 달려 있는 거야.

알겠지?

네가…

내게 실망을 느껴… 사고 치면 어떻게 해…

하하하

어릴 때 쓴 단편소설을 보여줄게.
가볍게 읽어줘. 소설이야. 소설.

배고픈 다리1

사람들은 종종 자신에 대해서 가장 잘 알고 있는 것은 자기 자신이라고 말하지만 그것은 어쩌면 터무니없는 오해일 수도 있습니다. 7년 전 고등학교 3학년의 시절, 한 여인과 열 번의 만남과 헤어짐을 반복하는 동안 저는 제 자신이 무엇을 바라고 있는지, 무엇을 좋아하고 있는지 알 수가 없었습니다.

먼저 좋아한다고 이야기한 것은 분명 제가 아닌 그녀였습니다. 조용한 저녁 가로등불 아래 구멍가게 앞 공중전화에서 저는 분명하게 그녀의 고백을 들었습니다.

'난 오빠를 좋아해!'

죄송합니다. 잠깐만 호흡을 가다듬겠습니다. 7년이 지났지만 제 심장은 그 순간의 나지막한 목소리를 그 두근거림을 아직 기억하고 있는 것 같습니다. 저는 참 단순한 녀석이었습니다. 그녀의 이야기는 단지 편한 교회 오빠로서 좋아했다 말일 수도 있고 그녀의 성격에서 나오는 단순한 인사말일 수도 있는데 말입니다. 말하는 이와 듣는 이가 다르다는 사실을 그 당시의 저는 생각하지 못했습니다. 단지 그 한마디로.. 모든 것이 삐딱하게 보이던 세상이, 두려운 마음을 들게 하던 세상이 제게 다시한번 친하게 지내자고 손을 내미는 듯했습니다. 그동안 조롱해 왔던 세상과 다시 한 번 어울릴 수 있기를 제 자신도 강하게 바라게 되었습니다. 그것이 제게 안겨줄 새로운 방황과 갈등은 생각지 못한 채 말입니다.

아! 먼저 그녀의 모습을 설명해야겠군요. 그것은 참 쉬운 일입니다. 특히 그녀의 경우에 있어서는… 하얀 종이를 펼치고 갸름하게 얼굴 윤곽을 그리고 그 위에 큰 눈과 두툼한 입술만을 그려 놓으면 됩니다.

그것만으로도 그녀를 아는 사람들은 모두 그것이 그녀의 얼굴을 나타내고 있음을 알 수 있습니다.

한번은 분식집에서 만둣국을 먹고 있는데 장난삼아 고개 숙인 그녀의 머리 아래 숟가락을 갖다 댄 적이 있습니다. 그리고 뭐 하는 짓이냐고 묻는 그녀의 질문에 저는 이렇게 대답했죠.

"네 눈이 너무 커서 국 먹는 동안 떨어질 것 같단 말야. 그래서 받쳐 주려고, 하하."

그녀의 성격은 그녀의 외모와 비슷했습니다. 좋아하는 것과 싫어하는 것을 편하게 이야기하곤 했습니다. 웃기도 잘하고 울기도 잘했습니다. 그리고 자신이 관심 갖는 일들에 대해서는 그 누구보다도 강한 열의를 가지고 있었습니다. 그녀는 추석날 전국으로 생방송 되는 TV 쇼 프로에 제주도 대표로 나가기까지 했습니다. 그것은 그녀가 제주도 사투리 경연 대회에서 2년 연속으로 1등을 수상했기 때문이었습니다. 송편을 먹으며 가족과 함께 TV를 보고 있는 동안 어머니가 말씀하셨습니다.

"얘야. 쟤 좀 봐라. 이제 고등학교 2학년이라는 애가 제주도 대표로 나왔단다. 참 대단한 애네."

스튜어디스 복장을 하고 나온 그녀는 화면 속에서 비행기 이륙 시에 나오는 안내원의 멘트와 제스처를 제주도 사투리로 바꿔 관객들에게 웃음을 선사하고 있었습니다.

저는 어머니께 하고 싶은 말이 목구멍까지 올라오는 것을 가까스로 참았습니다.

'엄마 쟤야! 엄마가 화내며 매일 전화 오는 여자애 누구냐고 물어보던…'

그러나 고향에 내려온 그녀는 제게 울음을 터뜨렸습니다. 도내에서의 관중들의 반응과는 달리 서울 무대에서의 관객들이 반응이 너무 냉랭했다는 것입니다. 그것은 어쩔 수 없는 일이었습니다. 다른 지방에 비해 알려진 것이 없는 제주도 사투리가 그들의 귀에는 알아들을 수 없는 새로운 외국어로 들렸을 테니 말입니다. 그녀는 조용히, 그러나 너무나 안타깝다는 듯이 울었습니다. 그녀의 울음, 그 후에도 함께한 여러 갈등의 시간마다 봐야만 했던 그 울음은 제겐 마법의 주문과도 같았습니다. 그 눈물을 보는 순간, 제 마음속에 있던 분노의 마음은 언제 있었냐는 듯 깨끗이 사라지곤 했습니다. 머리는 이성적 판단의 기능을 잃어버리고 제 모든 가치관들은 그녀의 입술에서 나오는 이야기들로 새롭게 형성되곤 했습니다.

배고픈 다리2

공항에서 가까운 거리에 있는 제주시 용담동에 가면 '배고픈 다리'란 이름의 다리가 하나 있습니다. U자형으로 된 것이 꼭 배가 들어간 모양 같아서 그렇게 부른다는 설이 하나 있고, 범람이 쉬워서 홍수 때 다리를 건너는 사람들이 많이 휩쓸려 떠내려가서 배고픈 다리란 설이 있습니다. 저는 몇 그루의 큰 나무들에 둘러싸인 그 다리를 좋아했습니다. 그 다리에서 저는 희미하게 흐르는 물소리를 들으며 그녀를 기다리곤 했습니다. 움푹 들어간 다리 한가운데에 서 있으면 그 조용한 다리가 저를 포근하게 감싸고 있는 듯했습니다. 그리고 반가운 얼굴로 그녀를 맞이합니다. 난간에 기대어 서서 그녀의 이야기들을 들어주곤 했습니다. 어느 날엔가 그녀는 그 다리 한가운데서 제게 편지를 하나 건네주었습니다. 그리고 저를 쳐다보며 말했습니다.

'오빠와 내가 꿈이 같았으면 좋겠다'

집으로 돌아와서 펼쳐본 그녀의 편지는 그녀의 꿈에 관한 이야기들로 가득했습니다. 배우가 되고 싶다는 내용, 크리스천으로서 봉사하는 삶을 살고 싶다는 내용, 아버지와 사이좋게 되고 싶다는 내용… 그런데 그 편지 가운데 한 문장이 강하게 제 눈에 들어왔습니다. 저는 그 문장을 읽고 또 읽었습니다.

'내 배우자는 나와 같은 꿈을 꾸는 사람이 됐으면 좋겠다.'

방금 전, 편지를 건네며 이야기하던 그녀의 눈이 계속해서 머릿속에 떠올랐습니다. 기쁘면서 초조한 그 마음을 저는 견딜 수가 없었습니다. 이는 분명 몇 달 전의 편한 오빠로 좋아한다는 이야기와는 다른 이야기입니다. 밤이 늦었지만 저는 전화를 걸어 다시 그녀를 불러냈습니다. 다리 한가운데에서 이번엔 그녀가 먼저 저를 기다리고 있었습니다. 저는 떨리는 마음으로 그녀에게 편지의 의미에 대해 직접적으로 물어보았습니다. 그 순간 그녀의 입에서 흐른 말들은 제가 이전까지 경험할 수 없었던 새로운 기쁨을 안겨 주었습니다. 저는 조심스럽게 그녀를 껴안았습니다. 아니 어설프게 그녀의 양 어깨에 그저 손을 올려 놓았다는 것이 더 적합한 표현일 것 같습니다. 부끄러운 마음에 차마 그녀의 두 눈을 제대로 볼 수조차 없었습니다. 그러나 그 기쁨은 이루 형언할 수 없는 것이었습니다. 우리를 둘러싼 '배고픈 다리'가 그리고 세상 모든 것이 저를 축복하고 있는 것 같았습니다.

그러나 한 달 뒤 다시 그녀에게 이별의 고백을 들은 것도 바로 그 배고픈 다리 한가운데였습니다. 갑자기 물이 불어 다리 위의 모든 것을 휩쓸어 버렸으면 했던 것이, 그 순간의 솔직한 저의 심정이었습니다. 그러나 그것은 처음이었을 뿐입니다. 저는 그 자리에서 다시 세 번의 기쁨과 세 번의 슬픔을 맛보아야 했습니다. 제가 다가가면 그녀는 멀어졌고 제가 멀어지면 그녀는 제게 다가왔습니다.

아! 참, 당신께 재미없는 이야기를 건네는 것은 아닌지 모르겠습니다. '로미오와 줄리엣'에 나오는 이야기처럼 목숨을 건 사랑 이야기도 아니고 당신이 직접 경험한 이야기도 아니지 않습니까. 어설픈 제 능력으로 이야기를 아름답게 묘사할 수 있는 것도 아니고… 그러나 당신과 이것 하나만큼만은 공유하고 싶습니다. 한 인간이 삶을 살아가는 데 있어서 사소한 것 하나에서 얼마나 큰 기쁨과 좌절을 느낄 수 있는지 말입니다. 작은 사건 하나가 그 사람이 일생에서 얼마나 큰 의미를 남길 수 있는지 말입니다.

그러므로 당신은 불 꺼진 그녀의 창문을 바라보고 있는 제 심정을 이해해 주실 수 있어야 합니다. 그것은 한참 야구 한국시리즈 열풍이 불던 가을의 어느 날이었습니다. 밤 9시까지의 자율학습을 마치고 저는 며칠 전부터 저를 들뜨게 했던 그녀와의 약속을 위해 재빨리 집으로 돌아갔습니다. 옷을 갈아입고 다시 머리를 정리하고 그녀의 집으로 향한 버스에 올랐습니다. 그리고 약속 시간보다 10분 일찍 그녀의 집 앞에 도착했습니다.

벌써 몇 번째 해오던 모험입니다. 시계가 정확히 밤 11시 30분을 가리키면 캄캄한 그녀의 방 창문이 조심스럽게 열립니다. 신발이 먼저 밖으로 나오고 조심스럽게 그녀가 밖으로 빠져나옵니다. 그리고 배고픈 다리 한가운데서 우리는 여러 이야기를 나누었습니다. 그리고 한 시간 뒤 그녀는 다시 창문을 통해 집으로 들어가곤 했습니다. 그런데 그날은 정해진 시간이 지나 자정마저 지났지만 아무런 일도 일어나지 않았습니다. 작은 돌멩이를 던져 창문을 흔들어 보았지만 소용이 없었습니다.

당신은 아시겠습니까? 그 순간의 저의 안타까움을… 며칠 동안을 상상만으로도 즐겁게 하던 그녀와의 만남이 단지 열리지 않는 창문 하나로 무너져 버리는 것이었다는 것을 깨닫는 순간의 괴로움을 말입니다. 잠들어버린 그녀가 깨어나길 기대하며 전봇대 가로등 불 아래서 우두커니 서서 창문을 바라보고 있습니다.

흔히 영화 속에선 이런 장면에 잔잔한 멜로디가 흘러나와 슬픈 주인공을 위로하지만 현실은 그렇지 않습니다. 불 꺼진 창문을 바라보며, 어둠 속으로 발걸음을 돌리는 그 순간, 절 향한 멜로디는 어느 곳에서도 들리지 않습니다.

배고픈 다리 3

여러 차례의 반복을 겪으며 저는 너무나 혼란스러웠습니다. 나는 정말로 그녀를 사랑하고 있는 것일까? 아니면 가질 수 없는 것에 집착하고 있는 것인가? 그녀는 참 신기했습니다. 어떻게 내 마음을 아는 것인지 내가 멀어지기로 마음먹을 때마다 제게 다가오니 말입니다. 어느 날 갑자기 날아온 편지도, 지나가다 들렸다며 우리 집 앞에 나타난 것도, 더는 그녀를 만나지 않겠다고 각오한 지 얼마 되지 않았을 무렵의 일입니다. 한번은 도서관 남자 열람실에 불쑥 교복을 입고 나타나 제 자리에 콜라와 초콜릿 하나를 놓고 가서 많은 사람들의 시선을 한 몸에 받은 적도 있습니다. 그 순간순간마다 제 다짐들은 힘없이 깨져 버렸습니다. 그리고 그러한 과정들은 점점 제 마음속에 두 가지 마음을 품게 만들었습니다. 저는 그녀를 사랑하면서 동시에 증오하게 되었습니다.

수능 시험 결과를 기다리던 겨울의 어느 날 저는 다시 한 번 그녀에 관한 충격적인 소문을 들었습니다. 그녀가 새로운 남자 친구를 사귄다는 소문이었습니다. 저는 다시 한 번 그녀와 '배고픈 다리' 위에 올라섰습니다. 그리고 소문에 대해서 단도직입적으로 물었습니다. 잠깐의 침묵이 있었던 뒤 그녀가 말했습니다.

"왜 그런 이야기가 나오는 것이야?. 그냥 친구일 뿐이야. 오빠 같은 편한 친구"

그 순간 제 마음에 불길이 일었음은 당신도 느낄 수 있는 것 아닙니까? 그 낯선 남자에 관한 이야기가 아닙니다. 단지 두 글자가 저를 분노하게 만드는 것입니다. 같은… 같은… 같은… 오빠 같은… 오빠 같은 편한 친구… 저는 고개를 들고 하늘을 쳐다보았습니다. 빛나는 별들을 따라 천천히 고개를 내리며 제 마음속에 있는 분노를 가라앉혔습니다. 멀리 바다가 보이고 수평선 근처에 오징어잡이 배들이 강하게 불빛을 내뿜고 있었습니다.

"아! 내가 재미있는 이야기 하나 해줄게." 저는 밝은 어조로 그녀에게 말했습니다.

"저기 저 배들 보이지. 저 배들 보니까 생각난 이야기인데 말이야. 우리집에 있는 세계의 유머란 책에서 러시아 편에 나오는 이야기이야."

배들을 바라보며 저는 이야기를 시작했습니다.

한 호화 여객선 위에 현명한 학자와 미모의 여배우와 그녀에게 구애하는 다섯 남자들이 있었어. 그 남자들 모두 여배우에게 청혼을 했지. 누구를 택해야 할지 몰라 난감해진 여배우는 학자에게 물었어.

"다섯 명의 남자가 제게 청혼을 하는데 누구를 택해야 할까요?"

학자가 대답했지.

"지금 바로 물에 뛰어드세요. 그리고 당신을 위해 물속에 뛰어드는 사람을 선택하면 됩니다. 여배우는 학자의 말대로 물속에 뛰어들었어. 그러자 네 명의 남자들도 동시에 물속에 뛰어들었지. 흠뻑 젖은 채로 갑판에 오른 여배우는 다시 학자에게 물었어."

"네 명이나 저를 위해 물속에 뛰어들었는데 이젠 어찌해야 하죠?"

그러자 다시 학자가 말했지.

"뭘 그렇게 고민하세요. 물속에 뛰어들지 않은 그 한 명의 남자와 결혼하면 됩니다."

"하하하"

이야기를 마치고 저는 신나게 웃었습니다.

"어때? 재밌지 않니? 썰렁한가?"

그녀는 얼굴에 가볍게 미소를 띠었습니다.

"있잖아…."

그 순간부터 제 어조에 힘이 들어가는 것은 저도 어쩔 수 없었습니다.

"난, 널 위해 물속에 뛰어드는 평범한 네 명의 남자에 속하고 싶지 않아. 난 네게 특별한 존재로 남고 싶어. 비록 배 위에서 허우적대고 있는 널 내려다보는 비열한 존재로 남을지라도… 너에게 만큼은 특별한 존재로 남고 싶다."

안색이 변했지만 그녀는 아무 말도 하지 못했습니다. 저는 고개를 돌려 잠시동안 그녀를 바라봤습니다. 긴 머리, 두툼한 입술, 가녀린 목과 팔, 노란 스웨터, 빨간 잠바, 하얀 운동화

"간다. 안녕!"

저는 그녀에게 등을 보이며 돌아섰습니다. 그러나 다리를 막 벗어나려는 순간 그녀가 말했습니다.

"아냐. 오빤 내게 특별해."

저는 다시 한번 손을 흔들었습니다. 그것은 진정한 작별의 인사였습니다. 저는 서울에서 모든 것을 새롭게 시작했습니다. 새로 많은 사람들을 만나고 새로운 경험들을 겪고 새로운 여인을 만났습니다. 군대에 가고 새로운 이별을 하고 새로운 호기심을

갖고, 새로운 공부를 하고, 새로운 희망을 갖고 살았습니다. 그녀는 더 이상 제게 아무런 기쁨도 슬픔도 남길 수 없었습니다. 그렇게 6년의 세월이 흘렀습니다. 그런데 다시 그녀를 만날 기회가 생겼습니다. 그것은 5초간의 짧은 만남이었습니다.

서울 군자동에서 과외 알바를 마치고 지하철을 타러 계단을 내려가는데 막 지하철 문이 닫히려 하기에 저는 잽싸게 안으로 뛰어들었습니다. 그리고 안도의 한숨과 함께 자리에 앉았는데 누가 뒤에서 그 두꺼운 지하철 창 유리를 두드리는 것이었습니다. 고개를 든 순간 전 깜짝 놀랐습니다. 그녀가 저를 보며 손을 흔들고 있던 것이었습니다. 화장을 했지만 저는 그 큰 눈을 한눈에 알아볼 수 있었습니다.

저는 당황스러운 표정으로 문을 바라봤습니다. 그러나 이미 굳게 닫힌 뒤였고 출발을 위해 지하철이 서서히 움직이기 시작했습니다. 안타까워하는 제 표정을 바라보며 그녀는 웃음을 지었습니다. 그리고 계속해서 제게 손을 흔들었습니다. 멀어지는 그녀의 모습 속에서 잊혀진 슬픔과 기쁨이 다시 머릿속에 되살아났습니다. 그것이 다시 1년이 지난 일이 돼버리고 말았습니다. 어디에서 무엇을 하고 있는지. 모든 것이 너무나 궁금한데 제가 할 수 있는 일이란 아무것도 없습니다.

7년이 지난 지금 그녀의 기억 속에 나는 어떤 모습으로 남아 있을까? 함께 있던 '배고픈 다리'는 그녀에게 어떤 의미로 남아있을까? 그녀를 본 순간의 두근거림은 무엇이었을까? 나는 진정으로 그녀를 잊은 것일까?

지금도 가끔 군자에서 지하철을 탈 때마다 그 기회가 다시 한 번 찾아오진 않을까 기대하곤 합니다.

이런, 너무 오랜 시간 동안 당신을 붙잡아 둔 것은 아닌지 모르겠군요.

감사합니다. 소중한 당신이 이렇게 옆에서, 미소 띤 얼굴로 제 이야기에 귀를 기울여 주시니… 저는 참 행복한 사람입니다.

수학시간

자 그럼 당신에게 수업을 시작하겠습니다.
면은 선으로 이루어져 있습니다.
선은 점으로 이루어져 있습니다.
그러나 수학에서 정의 내리길… 점은 형태와 크기가 없습니다.
단지 위치만을 표시할 뿐
그러나 그 점을 인정해야만
비로소 선과 면이 가능해집니다.
그래서 점을 "무 정의 용어"라 합니다.
정의 내릴 수 없다고…

그러므로 당신은
왜 내가 당신을 좋아하는지 물으셔선 안 됩니다.
단지 사실만을 인정하세요.
기대하셔도 좋습니다.
그 작은 인정이 이루어 나가는
수많은 선과 면들을

그냥 옆에 있어 줄 수는 있다

우리나라에서도 영화화된… 무서운 소설…
스즈키 코지의 '링'을 읽다 보면
2부에 가서 이런 말이 나온다.
무언가에 괴로워하고 있는 사람에게 찾아가서…
"힘내"라고 하면…
그 순간…
그 상대방은 자신이 힘들어하게 된 그 기억의 원인으로 돌아가게 된다고…
맞는 말 같지 않나?
왜 우는 애한테 가서… 울지 말라고 하면 더 크게 울듯이…
그래서 난 위로하는 말… 잘 못해.
그냥 옆에 있어 줄 수도 있고…
같이 놀아줄 수도 있지만…
참…
가끔 눈치 없이
내 신세 한탄을 늘어놓을 때가 종종 있지.
하하

트랜센던스 그리고 덴마

영화 '트랜센던스'

인간의 의식이 컴퓨터의 인터넷 세계와 결합하여 무한히 확장한다는 모티브는 이미 '베르나르 베르베르'의 "뇌"에서 등장한 이야기지만 소설에서, 식물인간 상태인 환자의 뇌가 컴퓨터의 인터넷 세계에서 활동하고 있는 것을 나타내는 반면 영화 트랜센던스에서는 죽기 직전의 한 과학자의 의식을 컴퓨터에 담아 그 의식이 컴퓨터의 인터넷 세계를 만나 무한히 확장하는 내용을 가리킨다.

컴퓨터의 세계에서 새로운 신이 되는 주인공 '윌 캐스터'의 모습은 양영순의 '덴마'에 나오는 god's lover의 '고드'의 스토리와 좀 더 비슷하다. 이야기가 진행되는 동안… 그가 정말로 죽기 전의 그가 맞는지 아니면 새로운 의식인지가… 그의 동료들과 그의 아내마저 혼란하게 만든다.

그 속에서 알게 되는 새로운 진실과 함께 감동을 주는 이야기… '크리스토퍼 놀란'이 기획했다는 사실만으로 기대감을 갖게 했던 이 영화는 그 기대를 충분히 만족시켰다. 하지만 개인적으로, 덴마의 god's lover에서 그려지는 스토리가 더 낫다. 웹툰 속에서 사이버 세상을 통해 신과 같은 존재가 되어버린 '고드'는 자신에게 친절하게 대해 주었던 한 여인에 대한 애틋한 마음을 지키며 그 여인이 오해를 하게 되어 자신을 비난하고 원망하는 가운데에도 보이지 않는 곳에서 그녀의 삶을 돕는다.

'널 차에 태우면 러시아워에서도 차가 안 막혀'

누가 자기를 돕는지도 모르는 여인에게 그녀의 새 남자 친구, 어떻게 보면 고드가 만들어준 그녀의 새 남자 친구가 하는 그 말은… 웹툰으로만 남기엔 참으로 아까운 명

대사이다.

웹툰을 보는 동안에도 '영화화했음 참 좋은 소재다'라는 생각을 했었는데… 왠지 좋은 소재를 뺏긴 것 같은 아쉬움이 든다. 혹 '놀란' 감독이 한국의 '덴마'를 알고 있던 것은 아닌지가 갑자기 궁금해진다.

오 나의 선장님

영화 "죽은 시인의 사회"를 보면 키팅선생은 의자 위에 올라가서 수업을 하고 교과서를 찢게 하고 자신을 선장이라 부르게 하는 등 교육에 있어 참 자유분방한 모습을 보인다.

내게도 그런 선생이 있었다. 그분의 존함은 김윤중. 고3 때 국어를 담당하신 선생님이다. 참 여유롭고 자유로운 선생님이다. 그의 수업 시간에 교과서는 필요 없다. 어디서 주워들어 온 이야기들이 그렇게 많은지… 그는 항상 새로운 주제를 가지고 교실에 들어와서 학생들에게 이야기한다.

어느 날엔 그가 교과서도 없이 강의실에 들어왔다. 그리고 멀리 창문 밖에서도 보일 만큼 칠판 가득 커다랗게 여섯 글자를 썼다. "쉰들러 리스트"

주말에 자신이 그 영화를 보고 온 것이다. 한 시간 내내 자신의 감동을 얘기한다. 다음 주가 시험인데 교과서 진도는 아랑곳하지 않고, 인종 문제에 대해서… 평화에 대해서… 어쩌고저쩌고… 그리고 점심시간을 5분 남긴 그 시간… 선생님이 이야기를 마무리 짓는다.

"너희들 멸치 먹을 때 절대로 숟갈로 떠먹지 마라. 그것도 집단 살상이야! 꼭 경건한 마음으로 젓가락으로 하나씩 콕콕 찍어서 집어먹을 것!"

매 수업 시간이 그런 식이다. 이야깃거리는 어찌나 많은지 철학, 종교, 과학, 인간의 잠재 능력 등등 못하는 얘기가 없다. 그러나 그분은 결코 영화 속 '로빈 윌리암스'처럼 인자한 얼굴도 성격도 아니다. 얼굴은 코미디언 이주일의 젊었을 적 모습이라고 생각하면 된다. 행동하는 것은 얼마나 능글맞은지 자신이 최근에 미술 선생님하고 친해졌다고 한 일주일간을 자랑하고 다닌다.

어느 날엔 교실에 들어와서 웃으며 말한다.

"야 너희 오늘 음악 선생님 옷 입고 온 것 봤냐? 망사로 돼서 안이 비치는 것 같던데… 게다가 나풀거리는 미니스커트!"

그리고 잠시, 이상한 표정으로 교실 천장을 응시하더니 다시 혼잣말을 중얼거린다.

"비라도 오면 좋을 텐데…"

그런 그가 어느 날엔가 시무룩한 표정으로 교실에 들어왔다. 내용인즉슨 학부모들의 항의 전화가 빗발쳤다고 한다. 고3 애들 모아놓고 엉뚱한 짓 한다고 도대체 어떤 마마보이들이 그런 말을 하는지 알 수 없지만 그것은 전혀 납득할 수 없는 말이다. 우리 학교는 그 당시 수능 언어영역 모의고사에서 줄곧 도내 1위를 지켜왔다. 나는 그것이야말로 다른 두 분의 국어 선생님들의 능력보다, 전적으로 그분의 덕이라고 생각한다. 그는 단순한 언어가 아닌 '생각하는 능력'을 우리에게 키워줬기 때문에.

하루는 그가 칠판 가득 자신이 수학 선생인 양 계산을 하고 있다. 일 년은 365일… 평균 70살까지 산다고하면… 365곱하기 70… 세계 인구가 50억이니까… 50억분에… 그리고 돌아서서 말한다.

"너희들 이것이 무슨 수치인 줄 아니? 너희들이 매일 하루마다 새로운 사람을 만난다는 가정하에 지구상에 있는 사람들을 만나게 될 확률을 계산해 본 것이다… 봐라 매일 하루에 한 사람씩 만난다고 해도 평생 요것 밖에 못 만나는데… 너희가 만난 친구… 이 얼마나 위대한 인연이냐!"

그분과 헤어진 지 수십 년이 지난 지금… 새로운 환경에서, 하루에 한 명은커녕 일주일에 한 명도 안 되는, 그 몇 안되는 새로운 사람들을 만나며 즐기고 미워하고 아등거리며 살아온 것을 돌아보니 한편으론 우수운 생각이 든다. 어쨌든… 모두들 반갑다. 이 얼마나 위대한 인연이냐!

일상으로의 초대

현실에 살고 있는 인간이란 대체 무엇인가? 이 문제에 대해서는 현대인은 물론이거니와 어느 시대의 사람들에 비교해 보더라도 인간은 무지하다. 우리의 인생이 죽음과 함께 완전히 끝나 버리는 것이라면, 즉 한 알의 총탄이 우리를 이 세상에서 완전히 제거해 버린다는 것이 사실이라면 이야기를 쓴다는 것은 무의미한 일일 것이다.
– 헤세의 '데미안' 중에서

군대 제대 후 복학을 준비하던 무렵
아침 일찍 도서관에 올라가서
신문을 보고
책을 보고
사람들과 이야기를 나눴다.
주말 낮엔
노원에서 목동까지
과외 알바를 하러 서울 여기저기를 돌아다니고
밤에는
캄캄한 바에서 친구들과 맥주를 마시며
그들이 이야기하는 '경제 문제', '사회 문제'를
관심 있는 척 진지한 자세로 들어줬다.
그리고
혼자만의 시간이 있을 땐

생각해 봤지.

내가 좋아해 왔던 것들과

내 자신에 대해서…

나도 머리에 총 맞으면 단방에 죽겠지?

그럼 내가 가진 생각과, 고민들은 무엇을 위한 것일까?

어떤 의미를 가지고 있지?

무엇을 생각하고

무엇을 위해 살아야 하지?

아냐…

난 총 맞아도 안 죽을 거야…

주몽놀이 1

"언젠가 금와왕이 내게 이야기했다. 내겐 너 같은 사람이 꼭 필요했다. 아직은 내가 통치할 수 있지만 솔직히 5년 뒤에는 자신이 없다. 그때는 네가 이 부여를 운영해라. 그리고 내 노후를 보장해 줘라."
솔깃한 이야기일 수 있지만 처음 들을 때부터 그리 믿지는 않았다. 그때를 미끼로 내게 충성을 강요하는 것일 수도 있으니깐… 그리고 요즘 그것이 정말 믿지 못할 이야기였음이 더욱 선명해진다. 3년 전, 처음 부여궁에 들어설 때 나는 금와왕에게 이야기했다.
"다른 나라들에겐 없는, 검을 만드는 저만의 기술이 있습니다. 나는 그 기술이 통하는지 보고 싶어서 이렇게 여기에 들어왔습니다."
그리고 3년이 지난 지금 부여 제국의 규모는 처음의 두 배가 되었다. 내 공이 누구보다 컸다는 것은 부여궁 모두가 인정했다. 그러나 금와왕은 내 공로를 인정하기보단 조금씩 나를 견제하기 시작했다. 내가 담당하는 지역과 업무에 새로 고용한 자신의 심복들을 심어 놓으려 은밀히 애를 쓰고 엊그제에는 방긋 웃으며 부여의 보다 나은 번성을 위해 내게 강철검의 비법을 다른 야장들에게 전수하길 청했다. 전에 이런 일이 있을 때는 그냥 말없이 웃으며 넘어갔지만 이번만은 그럴 수가 없어 나는 단호하게 이야기했다.
"그렇게 해서 내게 주어지는 이익은 무엇입니까. 폐하 요리사도 자신의 소스 비법은 함부로 알려주지 않습니다."

학업을 마치고 강철검을 만드는 기술을 연마하여 세상에 뛰어든 지금… 세상은 생각했던 것보다 훨씬 스릴 있고 재미있다.

방긋 웃는 얼굴들 속에 저마다의 실리를 찾으며 서로를 험담하고 서로를 이용하려 한다. 내일은 좀 일찍 입궁하여 폐하를 알현할 것이다. 내 실권을 줄이려는 횡포를 더 이상 묵인 할 수 없기 때문이다. 내 힘을 제대로 각인시켜 다시는 헛된 생각을 하지 못하도록 만들어야 한다. 음… 자 여기서 내 신분은 정확히… 학생들에게 영어를 가르치는 학원 강사다…

얼마 전엔 술을 마시며 취중에 동료 선생들에게 이야기했다.
"오이, 마리, 협보, 무예 수련을 게을리하지 마라. 이 주몽 왕자께서 억압받는 조선의 유민을 이끌고 새 나라를 세워야 할 날이 머지않은 것 같으니…"
술잔을 부딪치며 내 농담에 깔깔 대던 그들은 속으로 나를 어떻게 생각할까? 그나저나… 나는 대소가 되어야 할까? 주몽이 되어야 할까? 아님 강철검만 만들며 모팔모로 살까? 뭐 어쨌든 나는 온갖 계략이 난무하는 즐거운 세상에 살고 있다. 삼국지의 조조가 말한 것처럼… 내가 세상을 버릴지언정 세상이 나를 버리게 하진 않을 것이다.

주몽놀이 2

결국 나는 부여성에서 탈출했다. 나를 따르는 고구려 유민들을 이끌고
봉개산을 임시거처로 삼았지
그리고 그곳에서 '소서노'를 만났다.
때로는 유민들을 이끄는 것이 힘들기도 했지만
강철검으로 무장한 유민들은 갈수록 강해졌고,
저는 소서노와 함께하는 날들이 너무나 행복했다.
그녀는 내게 말 타는 법을 가르쳐주었지.
연타발 어르신의 격려도 제게 무척이나 큰 힘이 되었다.
……
그리고 그러던 어느 날
한나라와 부여 졸본의 여러 나라들이 모여서 회의를 했어.
그곳에서 내 이야기가 나왔다고 한다.
봉개산의 주몽이 몇 명의 유민들을 이끌고 있다는…
아! 이전에도 이야기했듯이 나는 학생들의 영어를 가르치고 있는 영어 강사야.
내가 있던 봉개산은 정식으로 인가가 나지 않는 오피스텔이었기 때문에…
첩자들을 통해 소식을 들은 나는, 급하게 새로운 궁궐을 찾게 되었지.
그리고 멀리 제주도에서 올라오신 해모수와 유화부인이 나를 도왔어.
'박대수 영어학원'이라는 국호를 정하고
내가 가르쳤던 여러 인재들을 불러 모았지.
그리고 이제는 이전에 제가 있던 부여보다도 훨씬 큰, 누구도 함부로 무시할 수

없는 강대국이 되었다.
그러나 그러는 동안…
나의 소서노는 내가 멀어지고 있다고 느꼈어…
자신이 설 곳이 계속해서 작아지고 있다고 느끼고…
어느 날 그녀는 자신의 세력들을 이끌고 남쪽으로 내려갔다.
어떻게 해야 할까.
내 삶의 기쁨이었던 그녀가 멀어져가고 있다.
좀더 즐겁고 싶었던 나는…
답답하고 괴로웠다.

총싸움이 만들어내는 영웅의 한계

언젠가… 사업차 서울에 오신 아버지와 식사를 하던중 한가지 질문을 했다.
"요즘도 '야인시대' 즐겨 보세요?"
SBS에서 방영했던, 역사적 실존 인물 김두한을 주인공으로 한 드라마이다.
아버지는 말씀하셨다.
"음… 보긴 보는데… 뭐 예전처럼 재미가 있나. 김두한이 주먹으로 싸울 때가 재미있지. 요즘엔 온통 총싸움이니…"
그 무렵에는 배우 '안재모'를 주인공으로 일제시대를 살아가는 여러 협객들의 이야기를 그린 1부가 끝이 나고… 광복 후, 한반도에서 공산주의와 민주주의의 이념적 대립이 만들어내는 여러 갈등들이 새롭게 그려지던 무렵이었다.
"음, 그래요…"
듣고 보니 내게도 맞는 말 같았다. 시청률도 1부 때보다 많이 떨어졌고, 그리고 그 순간 여러 생각들이 머릿속에 떠올랐다. '과연 총싸움은 칼싸움만큼 재미있을 수 없는 것일까?', '총싸움과 칼싸움에는 어떤 차이가 있는가?'
어쩜 그것은, 그 이유가 무엇이든 간에 단신으로 수십, 수백을 상대하는 한 사람의 영웅적 모습을 동경하는 인간의 원초적 본능에 기인하는 것인지도 모른다.
진정한 자신의 주인을 찾기 위해 다리 위에서 끊임없이 결투를 벌이는 '란셀롯'의 모습을, 유비의 아들을 구하기 위해 조조의 백만 대군 속을 뛰어드는 '조자룡'의 모습을 숭배토록 하는 그러한 본능… 물론 일 대 다의 싸움을 벌이는 영웅의 모습은, 총싸움의 시대에도 얼마든지 있다. 영화 '람보'에서의 '실버스타 스탤론'은 손에 쥔 'M60' 하나로 한 부대를 몰살시키고, 영화 '다이하드'에서 '브루스 윌리스'는 좁은 빌딩 속에서 단신으로 수십 명의 테러범을 상대한다.

그러나 그러한 영화 속에서 만들어내는 영웅의 모습은 마치 총알이 알아서 주인공을 피해 다니는 듯한 억지성과 우연성이 만들어내는 영웅의 모습일 뿐 장판교에서 사모 하나를 꼬나들고, 고함 소리 하나로 조조의 백만대군의 오금을 저리게 만드는 '장비'의 모습과 비교할 만한 것은 아니다. 수백 명을 죽인 살인마라 할 지라도… 자신을 향한… 겁에 질린 어린 소녀의 총구에 벌벌 떨어야 하는 것… 그것이 바로 오늘날 총이 만들어내는 싸움이며, 총싸움이 만들어내는 영웅의 한계인 것이다.

서부영화에선 종종 이러한 한계를 총을 빨리 뽑는 것으로 극복해 보려 하지만 그 역시 지나친 억지성이 담겨 있을 뿐이다. 이러한 시대에서 단신으로 수백수천을 공포에 빠지게 만드는 영웅성을 갖추기 위해선… 단지… 영화 '매트리스'의 '키아누 리브스'처럼 총알보다 빠르거나, 영화 '터미네이터'에서의 '아놀드 슈왈츠제네거'처럼 폭탄에도 끄떡없는 강철 몸을 갖은 그런 비인간적인 모습일 수밖에 없다.

스타워즈의 '조지 루카스'가 수많은 우주 전함이 레이저포를 쏟아내는 우주 시대 속에서 '제다이 기사'를 만들어낸 것은 그리고 그들에게 동양에서 흔히 말하는 '기'의 개념과 비슷한 'Force'의 힘을 갖도록 수련을 시켜… 이야기의 결정적인 순간들은 결국 그들의 '광선검' 결투로 이루어지게 만든 것은 이러한… 총싸움이 만들어내는 영웅의 한계를 그 역시 느꼈음이 아니었을까?

서양의 '아더왕 이야기', '트로이 전쟁' 동양의 '삼국지', '수호지' 등의… 수백수천 년 된 구닥다리 이야기들이, 오늘날의 사람들에게조차 가장 좋아하는 이야기로 손꼽힐 수밖에 없는 이유는 단신으로 적진에 뛰어들어 일 대 다의 싸움을 벌이는 한 영웅의 '카리스마'를 숭배하는… 인정하지 않을려야 않을 수 없는 인간의 본능이 만들어내는 것이라고 나는 생각한다.

2일과 2년

prologue

지난 학기 강단에 서신 한 노 교수님이, 갑자기 우리에게 눈을 감으라고 하셨습니다. 그리고 이야기를 들려주기 시작하셨습니다. '요한 피터 헤벨'의 "예기치 않은 재회" 음… 제목이 정확한지 모르겠습니다. 간단히 내용을 말하면… 결혼식을 앞둔 어느 광부가 그만 사고가 나서 광산에 매몰된 채 죽게 됩니다. 그리고 50년이 지난 뒤… 모습이 전혀 상하지 않은 채… 그 시체가 발견됩니다. 그리고 그 젊은 모습이.. 이제 할머니가 되어버린… 그당시의 약혼녀의 슬픈 눈에 들어옵니다. 짧은 이야기지만, 저는 눈을 뜨는 순간, 마치 제가 50년의 삶을 산 듯한 느낌을 받았습니다. 5분도 채 안 되는 이야깃거리 속에서 말입니다. 그래서 저도, 그를 흉내 내고 싶은 생각이 들었습니다. 그처럼 50년의 시간은 아니지만 5년의 시간을 짧은 글 속에 담아보고 싶었습니다. 그럼 소설을 시작하겠습니다. 기대하셔도 좋습니다. 단…
"이거 혹시… 사실이야?" 하고 묻지만 말아줘…

2일과 2년 (1)

그래 미안해. 잠깐만 내 변명을 들어줘. 그녀를 처음 본 것은 신입생 환영회 자리에서였다. 한 방에서 모두가 둥그렇게 둘러선 가운데, 내 맞은편에 그녀가 있었지. 어두운 회색 반바지에 빨간 잠바, 앞머리까지 뒤로 넘겨서 묶은 그녀는 너무나도 어려 보였다. 분명 그 때문이야. 처음에 조심스럽게 그녀를 살펴보았던 것은… 단지 그녀가 환영회에 같이 온, 어느 교수님의 어린 딸처럼 보였기 때문이었어.
그런데 모든 이들이 시선이 한 가운데 사회자를 향해있던 그 순간 그녀가 고개를 돌리더니 천장의 한 귀퉁이를 응시하기 시작했다. 그때 그녀가 무엇을 생각했는지는 모르겠어. 천장에 붙어있는 바퀴벌레를 보고 있었을 수도 있고 모임 분위기가 그녀에게 너무 따분했을 수도 있고 그러나 그 모습은 나로 하여금, 그녀에 대한 궁금증으로 가득 차도록 만들었다. 그리고 그 궁금중은… 서서히… 흘깃흘깃 그녀를 훔쳐보는 동안… 그녀에 대한 환상으로 바뀌었지. 그리고 며칠 뒤, 홀로 버스를 기다리고 있는 그녀를 보았다. 약간의 망설임이 있었지만, 나는 둘도 오지 않을 그 소중한 기회를 놓치지 않았다. 놀란 표정을 지어내며 반갑게 인사를 건네고, 그녀가 타는 차를 함께 올라탔다. 이모네 집에 간다는 핑계와 함께…

"야, 나 삐삐 사야 하는데… 어디가 좋니?" 나는 그녀에게 물었다.

"용산 가면 싸지." 웃으며 그녀가 대답한다.

"용산이 어딘데? 나 잘 모르는데… 언제 시간 되면 같이 가지 않을래?"

그렇게 해서 그녀와의 만남이 시작되었다. 신촌, 이대, 대학로, 남산 등 서울의 명소를 그녀와 함께 돌아다녔다. 명동에서 고개를 내리지 못하는 나를 보고 그녀가 얼마나 웃었는지 몰라. 그리고, 그러던 어느 날 운동장이 내려다보이는 벤치에 앉아서, 나는 용기를 내어, 그녀를 향한 특별한 관심을 고백했다. 그 순간, 정말 얼마나 어색했는지 모른다. 나는 그 한마디 외에 아무런 말도 하지 못했다. 서로 어색하게 대답하고, 어색하게 헤어지고, 그러나 그 순간이 무사히 지나가고 나니, 그녀와 나는 자연스레 서로를 특별한 존재로 인식하게 되었다.

2일과 2년 (2)

그러나 한 달도 되지 않아서 문제가 발생했다. 동기 중에 한 친구가 그녀를 너무나 좋아했던 것이었지. 항상 그녀의 옆자리에 앉으려 하고, 화이트데이 날 모두가 보는 앞에서 그녀에게 장미와 사탕을 건네고 그런 그였으니, MT에서 그녀와 나의 관계를 알게 되자 그가 괴로워하는 것은 너무나 당연했다.

그리고 그것은 그녀마저 힘들게 했다. 견딜 수 없을 만큼… 다음날 그녀가 내게 이별을 말했다. 나는 그녀에게 말했지.

"네가 힘든 것은 이해할 수 있지만, 그걸로 우리가 헤어진다는 것이 말이 되니?"

그러나 그녀의 결심은 너무나 차가웠다.

"한 사람을 나 때문에, 힘들게 하고 나 혼자 즐거울 순 없어."

난 그때야 비로소, 내가 '서울에 올라온 외로운 촌놈'이란 사실을 깨닫게 되었다. 수업을 마치고 기숙사에 올라와 방문을 여는 그 순간의… 그 답답한 공기… 나는 그때의 숨 막힘을 지금도 잊을 수가 없다. 그래서 그다음 날엔… 방화 후 과 소모임이 있었던 것이 너무나 다행스럽게 생각되었다. 그런데 갑자기 그녀에게 삐삐가 왔다.

"지금 소모임에 있니? 나 과방에 있는데, 잠깐 오지 않을래?"

어두운 과방에 그녀가 홀로 있었다. 그리고 그녀가 말했다.

"난 이렇게 혼자 있는데… 넌 어떻게 그렇게 다른 이들과 그렇게… 아무렇지도 않은 듯이… 그렇게 있을 수 있어?"

무슨 말인가 하고 싶었지만, 나는 아무 말도 할 수가 없었다. 다시 한동안의 침묵이 흐른 뒤 그녀가 말했다.

"너… 이틀 전에 했던 말… 잊어버릴 수 있어?"

단지, 바로 그 한마디만으로… 이틀의 숨 막힘은 씻은 듯이 사라졌다. 아무렇지도 않은 듯… 모든 것이 다시 원래대로 돌아왔지.

2일과 2년 (3)

그녀와 함께하는 시간 동안, 나는 그녀의 눈과 입을 통해, 세상에 가졌던 모든 궁금증들을 즐거운 마음으로 헤쳐 나갈 수 있었다. 모두가 웃는 재미있는 영화를 그녀와 멀뚱멀뚱한 표정으로 바라보고 있고, 갑자기 버스에서 내려, 63빌딩 꼭대기를 향해 걸어가고, 등굣길에 마중 나가 그녀를 놀라게 하고, 함께 커닝하다 혼나고, 좋아하는 책과 시들을 그녀에게 이야기하고, 무작정 기차를 타고, 만나고, 싸우고, 웃고, 울고, 김대중 할아버지가 대통령에 당선되고, 프랑스에서 월드컵이 열려 새로운 영웅들이 탄생하고, 노스트라다무스가 예언한 '운명의 이별'이 찾아오지 않았음을.. 서로 다행으로 여기고, 그리고… 다시… 내무실에서, 갓 새로 단 상병 계급장을 자랑스럽게 바라보던 어느 날… 나는 또 한 번 이별의 전화를 받았다. 세상은 다시 궁금증으로 덮였다. 나에 대해서, 그녀에 대해서, 모든 이들에 대해서…분명 어제처럼 하늘은 파란색이고, 바람이 머리칼을 흔드는데… 무엇이 달라진 것인지… 내가 어떻게 해야 하는 것인지… 나는 아무런 대답도 발견할 수 없었다.

그리고 그렇게 2년이 지났다. 가끔씩 발버둥을 쳤고, 그래서 다른 이들을 만나보기도 했지만 그것은 말 그대로 발버둥에 불과했다. 의미 없는 상처만을 안겨주는… 차라리 그때 그 일이 없었더라면

분명 그 때문이야. 그 2일의 고통과 그 이후 다시 얻은 새로 얻은 기쁨…그것이 학습이 되어 다시 고통스러운 2년을 연장토록 한 것이야.

미안…이것이 구차한 내 변명이야. 다시 한번…진심으로… 죄송합니다. 그렇지만, 여전히 모르겠어. 그럼, 안녕.

소설 데미안을 좋아하는 이들

누가 내 글을 읽고, 열 몇 살짜리 소년이 어떻게 이런 생각을 할까 하고 여길지 모른다. 그러나 나는 결코 그런 이들에게 내 이야기를 하고 있는 것이 아니다. 나는 '인간에 대해 깊이 알고 있는 자'들에게 내 이야기를 하고 있다.

– 소설 '데미안'의 서문 중에서

소설 '데미안'을 하찮게 여기는 이들이 있다. 특히 배웠다고 하는 학자들 사이에서 더욱 그렇다. 그들에게 소설 '데미안'은 누구나 겪는 매우 흔한 청소년의 방황을 그린… 가벼운 소설에 불과하다! 이건 내 생각인데 아마 그들이 중요하게 여기는 이야기라면 '삼국지'처럼 웅장한 이야기를 다루거나, '로미오와 줄리엣'처럼 온갖 아름다운 표현들로 묘사된 책이거나 아님… 아예 처음 읽을 때 부터 단지… 작가의 명성에 기대어 읽게된 그러한 책들뿐일 것이다.
나는 그들을 조롱한다. 소설 '데미안'을 읽을 자격이 없는 이들.

가끔은 모든 이들이 지켜보는 가운데… 직접 얼굴을 맞대고 그럴 때도 있다. 책 속에서 아무것도 느끼지 못한 자신을 감추려고… 온갖 현학적인 표현들로 무장하는 그들의 초라한 모습에… 나는 단도직입적인 질문들을 던진다.
음… 뭐 굳이 그럴 필요까진 없겠지만… 그들이 소설 데미안을 무시하는 듯한 발언을 할 때… 혹은 특별한 느낌 없이 '데미안'을 읽고도 아는 척하는 이들을 볼 땐… 나 역시 어쩔 수 없다.
전쟁터에 데미안을 품고 갔다는 2차대전 시의 독일 청년들만이… 특별한 의식없이 무심결에 읽은 책에서 자연스럽게 싱클레어의 고민에 빠져들었던 오늘날의 청년들만이…
이 책에서 이야기하려는 내용들이 얼마나 큰 무게가 있는 것인 가를 알 수 있을 것이다.

학교에 가고 직장에 가고 공부를 하고 일을 하고 잠을자고 사랑을 하고 자식을 낳고 손자를 보고 그리고 무덤으로 들어가는 단순한 삶의 일정속에서… 그러나 항상 시간이란 것에 쫓겨야만하는 안타까운 현실 속에서 어느날 나는 마치 날 위해 준비된 듯한… 헤세의 소설…
'데미안'을 읽었다.

그것은 나를 특별하게 만들었다. 내 몽상과… 고민들이… 단 한방의 총알로 사라지는 것이 아님을..소중한 것임을 나는 알게 되었다. 그리고 나는… 자신의 그림을 모자가 아닌 보아뱀으로 보는 이를 찾는 '생떽쥐 베리'처럼… 사람들을 찾게 되었다. 소설 '데미안'을 좋아하는 이들!

이순신의 죽음

수년 동안의 전투에서 단 한 번도 지지 않았고 심지어 열두 척의 배로 수백 척을 물리친 이순신이 퇴각하는 일본군의 총알에 맞아서 죽었다는 것은 안만 생각해도 쉽게 납득할 수 없는 대목이다. 죽기 1년 전에 모함을 받아 온갖 고문을 겪은 이순신의 모습을 볼 때… 그를 품을 수 없었던 선조가 이순신을 암살했거나… 전쟁 후의 본인의 처지를 파악한 이순신이 스스로 목숨을 끊었을 확률이 더 높지 않을까?

애플

Letting your customers set your standards is dangerous game, because the race to the bottom is pretty easy to win. Setting your own standards and living up to them is a better way to profit not to mention a better way to make your day worth all the effort you put into it.

— Seth Godin

당신의 고객들이 자신들의 기준을 세우게 하는 것은 위험한 게임이다. 바닥을 향한 경쟁은 이기기 쉽기 마련이다. 당신만의 기준을 세우고 여기에 부응하는 것이 이윤을 만드는 더 나은 방법임을 알아야 한다. 당신의 날들을 당신이 쏟은 노력의 가치가 있게 만드는 것은 말할 것도 없고.

애플이 얼마나 대단한 회사인가를 아는 것은 어려운 일이 아닙니다. 2007년 애플은 아이폰이라는 새로운 폰으로 스마트 폰의 시대를 열었습니다. 그리고 이는 이전 피처폰의 몰락을 가져왔고, 새로운 흐름에 대처하지 못한 모토로라, 노키아와 같은 기존의 핸드폰 강자들을 역사의 뒤 그늘로 사라지게 만들었습니다.

2015년에는 애플 워치라는 새로운 제품을 공개했습니다. 이는 인간의 움직임으로 동력을 공급받는 오토매틱 시계, 20세기에 등장한 전 자식 쿼츠 시계에 뒤를 이어 새로운 시계의 시대를 연 것입니다. 다시 애플은 많은 시계 제조 업체들을 사라지게 만들었고, 오늘날 이 애플 워치는 현재 세계에서 독보적으로 가장 많이 팔리는 시계입니다.

또한, 2016년에는 에어 팟이라는 블루투스 이어폰을 세상에 내어놓았습니다.
블루투스 이어폰은 이미 오래전에 등장했고 그 당시에는 LG의 목 밴드형 이어폰이 인기를 끌고 있어서 새로운 것은 아니지만 전원을 켤 필요 없이 귀에 꽂는 순간 즉각적으로 연동되는 그 효율성과 그에 따른 인기는 다시 애플이, 이전까지 자신들의 역사를 자랑하는 수많은 음향기기 회사들을 무안하게 만들었고 새로운 블루투스 이어폰의 시대를 열었다고 할 수 있습니다.

이것이 전부가 아닙니다. 또한 애플은 2010년에 아이패드라는 새로운 제품을 세상에 등장시키고 이를 꾸준히 발전시켜 나가더니… 2020년에는 "당신의 다음 컴퓨터는 컴퓨터가 아니다."라는 야심 찬 광고 문구와 함께 다시 새로운 태블릿 피시의 시대를 열었습니다.

한 회사가 이 모든 것들을 이뤄냈다는 것이 너무나 대단하지 않은가요?
이는 세계 최고의 농구선수가 다시 축구를 배워 세계 최고의 축구선수가 되는 듯한 모습입니다. 타이타닉으로 세계 영화 시청 1위를 찍은 영화감독 '제임스 카메룬'이 다시 아바타로 자신의 기록을 깨는 것처럼 애플은 오직 자신만이 자신의 경쟁자입니다.

물론 이러한 일들이 말처럼 쉽게 이루어진 것만은 아닙니다. 애플은 그 과정에서 많은 이들에게 수없이 비난과 조롱의 대상이었습니다. 2017년에 아이폰 7에서 이어폰 잭을 없애서 사람들이 갖고 있던 이어폰 헤드폰을 쓸모없는 물건으로 만들던 당시 애플은 참 많은 비난을 들었습니다. FBI가 조사를 위해 테러범들의 아이폰 비밀번호를 요구할 때에는 다시 이를 거부해 매국노 취급을 받았습니다.

경쟁사들이 폰을 접는 시대에, 아이폰 10에서 아이폰 13에 이르기까지 수년 동안 비슷한 모습의 폰을 선보여 "스티븐 잡스가 죽고 애플의 혁신도 죽었다"는 비난을 받습니다. 그러나 애플은 이러한 비난에 흔들리지 않습니다. 그저 묵묵히 자신의 길을 걸

어갑니다. 이어폰 잭을 없앤 결정은 이를 비난하는 모든 경쟁사와 고객들이 결국엔 자신들을 따라오도록 만들었습니다. 정부의 요구마저 거부하며 원칙을 지키는 모습은 세계의 고객들에게 애플 제품의 신뢰도를 올리게 했을 뿐입니다.

수차례 같은 모양의 폰을 내어놓았지만 묵묵히 좀 더 나은 칩, 좀 더 좋은 카메라, 좀 더 좋은 배터리 개발에 신경을 썼고 이것이 고객들에게 인정을 받아 변화가 없다는 비난 가운데에서도 애플의 아이폰 판매는 급증했습니다.

고객의 요구를 받아들이지 못하는 기업을 사람들은 조롱하고 답답하게 여기지만 그 고객들은 정작 자신들의 요구가 발생시킬 새로운 문제점은 생각하지 못하는 경우가 많습니다.

들고 다니던 망치가 무거워 제조사에 가벼운 망치를 요구하지만, 이 가벼운 가벼운 망치가, 그 성능이 떨어지게 됨을 생각하지 못합니다. 자신이 정말로 원하는 것이 무엇인지 자신들이 모르는 것입니다. 애플은 이를 너무나 잘 알고 그래서 고객들의 요구에 흔들리지 않습니다.

2017년에 애플은 다시 한번 크게 전 세계의 비난을 받습니다. 아이폰을 업데이트하는 경우, 구형 핸드폰이 배터리가 빨리 닳고, 속도가 느려지는 성능 저하가 이뤄지게 한 것입니다. 이를 한 유튜버가 발견했고 결국은 애플이 이를 인정하게 되어, 전 세계적인 비난의 대상이 되었고, 애플이 공개적으로 사과하는 일이 있었습니다.

이는 분명 비난받아 마땅한 일입니다. 그러나 여기서 우리가 다시 생각해야 할 것이 있습니다. 이는 그만큼, 제조사를 스트레스에 빠지게 할 만큼, 핸드폰이 고장 나지 않는다는 것입니다. 안드로이드 폰을 사용하시는 동안, 자신이 깔지 않은 프로그램들이 자동으로 깔려서 곤란했던 적들이 있지 않으셨나요? 새로운 프로그램이 깔리고 바이러스가 생기고, 그러나 이를 당연하게 여기시진 않으신가요?

우리는 이미 어린 시절 컴퓨터가 바이러스에 걸려 고생했던 수많은 경험을 갖고 있기 때문에 기계란 원래 그런 것이라 생각합니다. 사실 컴퓨터 바이러스란 것도 인간이 만든 것이죠. 누군가는 컴퓨터를 만들어 돈을 벌고, 누군가는 바이러스를, 다시 누군가는 바이러스 백신을 만들어 돈을 법니다. 우리가 모르는 것이지 때로는 극소수의 사람들이 우리를 갖고 장난하는 것이 아닌가 생각이 들 때가 있습니다. 그러나 애플 제품은 핸드폰이든, 컴퓨터든, 쉽게 바이러스에 걸리지 않습니다. 몇 년을 사용해도 처음 핸드폰을 샀던 그대로입니다.
새로운 앱이 자신도 모르게 깔리거나 바이러스에 걸리는 일들이 애플 제품을 사용할 경우 좀처럼 일어나지 않습니다.

모든 스마트폰이 안드로이드 운영체제에 의존하는 오늘날, 자신만의 운영체제를 갖고 있는 것도 빼놓을 수 없는 애플만의 큰 장점입니다. 자신만의 운영체제를 이용하기에 남의 눈치를 볼 필요도 없고 그래서 과감하게 자신들의 선택을 밀고 나갈 수 있습니다. 미국의 제재를 받은 중국의 '화웨이'가 안드로이드를 이용 못 하게 되었을 때 기업 전체가 흔들렸던 모습이 애플에겐 있을 수 없습니다.

애플이 완벽한 것은 아니지만 저는 애플의 성장 과정을 존경합니다.

아이폰이 시작되던 2007년에 우리는 '박대수 영어학원'을 시작했습니다. 애플이 차고에서 시작한 추억을 이야기할 때 저는 어느 교회의 주방에서 칠판을 놓고 아이들에게 영어를 가르치던 추억을 이야기합니다.
20년이 지난 지금, 그 제자들은 지금 소중한 동료들입니다. 애플이 자신들만의 맥OS를 이용하듯 우리는 우리들만의 문장 구조 체제를 활용해서 학생들을 가르치고 그들의 성장을 지켜봤습니다. 아이폰과, 맥북과, 아이패드가 연동되듯 우리의 연동

성은 학생들의 영작과, 독해와, 문법을 동시에 체크하게 합니다. 그리고 애플이 그러하듯 우리 역시 든든한 마니아층을 갖습니다. 학원을 졸업해도, 어른이 되어서도 영어를 공부하는 한 그들은 여기서 배운 학습법을 활용해서 자신들의 영어를 성장시킵니다.

다르다는 이유만으로 혹자는 우리를 비난할 수 있겠지만 우리는 이 다름을 고수했고 그동안의 많은 제자들과 학부모님들께 그 쓸모를 인정받아 왔기 때문에 2007년 이후 지금까지 학원을 성장시켜 올 수 있었습니다.

우수한 성과를 보인 수많은 제자들이 있지만 이를 특별히 자랑하지도 않았습니다. '주머니 속의 송곳은 드러내지 않아도 티가 난다'는 말처럼 딱히 자랑할 필요를 느끼지 않았기 때문입니다.

2016년에 애플은
"아이폰이 아니라는 건 아이폰이 아니라는 것"
이라는 아리송한 광고를 선보입니다. 많은 이들에게 다양한 해석을 낳게 했지만⋯ 아마 이 말이 하고 싶었는데 차마 못 한 것이겠죠.
"아이폰이 아니라는 건 폰이 아니라는 것"

저희도 말하고 싶습니다. **박대수 영어학원이 아니라는 건⋯**
음⋯ 여기까지 하겠습니다.

예멘 난민

Unfortunately, all mammals, including humans, demonstrate ambivalence about other people. As powerfully wired as we are for social contact, so too are we wired for "xenophobia

불행하게도 인간을 포함한 모든 동물들은 다른 이들에게 서로 모순된 감정을 갖는다. 사회적 접촉에 우리가 연결된 만큼 우리는 낯선 이들에 대한 공포감에 강하게 연결되어 있다.

누가 말했지? '인간은 개개인으로는 선하지만 집단을 이루면 상상할 수 없이 악해진다'는 말.

그 말을… 공감하기 어려웠는데… 아직 제대로 정착하지 않은 500명의 예멘 난민들에 대해 다양한 무서운 소문들을 만들어내고 애 어른거릴 것 없이 압도적으로 난민들을 먼저 거부하고 보는 한국인들의 모습에 정말로 인간은 집단으로 한없이 악해질 수 있다는 것을 깨닫는다. 충분히 신원을 확인하고 문제가 있는 경우 내칠 수 있는 것이 아닐까?

목숨을 걸고 구명보트를 타 바다를 건넌 이들에게 적어도 기회는 줄 수 있는 것이 아닐까?

어이! 옳고 그름을 따지진 말자. 내가 옳고 네가 틀렸음을 이야기하는 것이 아니니.

나는 그저 집단이 무섭다는 이야기를 하고플 뿐이야. 솔직히 모르는 일 아니니?. 시간이 지나 결과로 이야기할 일이지.

응록이와의 대화

선생님 저 경찰 합격했습니다. 같이 공부한 친구들 중에 영어를 어려워하는 애들이 많았는데 저는 선생님 도움으로 잘 배워서 쉽게 합격한 것 같습니다.

그렇게 말해줘서 고맙다 응록아. 노량진에서 학원 다녔다고 했지? 거기서 영어 선생님은 어땠냐?

선생님이 세분이 계셨고 그중에 선택을 해야하는데 한 분이 문장구조의 분석을 강조하는 것이 선생님과 비슷했습니다. 그래서 전 당연히 그 선생님을 선택해서 배웠습니다. 그리고 언젠가 한 번은 그 선생님이 제 옆을 지나가다 제 노트를 보신 적이 있습니다. 그 노트엔 예전에 선생님과 공부하던 방식으로 문장이 분석되어 있었죠. 그 노트를 선생님이 한참을 보시더니 물으셨습니다.
'너 이건 어디서 배운 것이냐?'
그래서 대답했습니다.
'중 고등학교에 절 가르치신 선생님께서 이렇게 문장을 분석했습니다. 전 이것이 익숙해서 지금도 이렇게 분석합니다.'
그러자 그 선생님이 말했습니다.
"노량진에서 이렇게 가르치는 사람 나밖에 없다."

"하하… 그래 응록아? 그럼 나 당장 노량진으로 진출해야 하는 것 아니냐?"

아니오. 안 오시는 게 좋습니다. 그 선생님 세 명 중에 가장 인기 없습니다. 저는 고등학교 때 선생님과의 수업으로 그 선생님이 진짜라는 것을 알지만 노량진에서는 보통 재밌는 말로 많이 웃기는 선생님이 성공합니다.

뭐야? 너 난 안 웃기다는 말이야? 하하 아무튼 축하한다. 응록아 공무원 생활 열심히 하고 자주 보자!

2019 가정통신문 쉬샤오둥

If you tell a big enough lie and tell it frequently enough, it will be believed. The great masses of the people will more easily fall victims to a big lie than to a small one.

네가 충분히 큰 거짓말을 하고 그것을 충분히 자주 말한다면 그것은 사실로 믿어지게 될 것이다. 다수의 사람들은 작은 거짓말보다 큰 거짓말에 더 잘 당한다.

— Adolf Hitler

한 격투기 강사가 있습니다. 어느 날 개인 방송으로 전국에 말했습니다.
"중국 무술은 가짜다. 실전성이 없는 무술로 사람들을 현혹하고 있다. 나하고 싸워보자. 오해하지 마라. 난 중국 무술을 비하하는 것이 아니다. 나는 단지 가짜를 타격한다."
처음에는 사람들이 그 말을 가볍게 넘겼지만 그는 중국 최고의 태극권 고수, 최고의 영춘권 고수 등을 차례로 이겼습니다. 실전 격투기 무대에 나오지를 않는 것이지, 중국의 무림 고수들이 세상에 나오면, 어릴 적 홍콩 영화 성룡과 주윤발이 그랬던 것처럼 모두를 휩쓸 것이라고 사람들은 기대했지만 그들은 제대로 힘도 써보지 못한 채 그때까진 무명이라 할 수 있던 그 격투기 강사에게 맥없이 쓰러졌습니다. 유명한 고수들이 하나둘씩 꺾일 때마다 그의 명성은 더욱더 올라갔고 중국 무술에 대한 사람들의 실망 역시 올라갔습니다. 그의 이름이 '쉬샤오둥'입니다.
중국 무술의 가치를 굳게 믿던 한 재벌은 심지어 쉬사오동을 이기는 자에게 우리나라 돈으로 17억 원을 지급하겠다 했으나 그는 모두를 이겼고 현재는 그 금액이 50억으로 올랐지만 아무도 함부로 나서지 못하고 있습니다. 그는 중국의 스타로 떠올랐고 동시에 중국의 전통을 비하했다며 많은 이들의 비난을 받고 있습니다.
심지어 중국 당국에서도 그에게 제재를 가해, 그는 중국에서 정식으로 격투기 시합을 치를 수 없는 상황입니다. 그리고 자신의 신변에 위협마저 느끼고 있습니다. 이러한 상황 속에서 그는 다시 한 번 외칩니다.
"어느 날 갑자기 제가 사라지더라도 절 기억해 주세요. 저는 앞으로도 가짜를 타격할 것이고 제가 옳다고 생각하는 일을 밀고 나갈 것입니다."

이 이야기는 지금 중국에서 일어나고 있는 일이지만 여기서 저 '중국 무술'을 '영어'로 바꾸면 바로 지금 현재 한국에서 일어나고 있는 일입니다. 영어를 가르치는 많은 이들은 왜 그렇게 해석될 수밖에 없는지를 학생들에게 가르치지 못한 채 적당히 영어 지문을 한 줄 읽고 다시 해석을 합니다. 그리고 그렇게 수년간 영어를 배운 학생들은 스스로 해석의 기회가 주어졌을 때 있는 그대로 문장을 보는 것이 아니라 단지 해석을 상상합니다. 분명 영어도 우리말처럼 의사 전달의 도구일 텐데 학생들은, 마치 영어는 원래부터 명확한 뜻이 없이 상상으로 보는 언어인 것처럼 착각을 합니다.
좀 더 저학년으로 내려가면 초등학교 아이들은 영어학원에서 막연히 영어 지문을 암기합니다. 그리고 학원은 이를 낭송하게 하고 다시 이 모습을 영상으로 찍고 그들의 부모님께 보냅니다. 줄줄 영어를 말하는 모습에 부모들은 자신이 아이들이 영어를 잘하고 좋아하는 줄 알고 기뻐하지만 정작, 즉석에서 자신이 생각하는 바를 영어로 말하라고 할 때 그들은 아무 말도 못 합니다.
더듬거리더라도, 발음이 조금 서툴더라도 자신이 하고자 하는 말을 표현할 수 있는 것이 언어가 아닌가요?
우리말을 문법 교육 없이 배웠던 것처럼 영어도 그렇게 모국인들처럼 자연스럽게 배워야 한다고 영어를 가르치는 많은 이들이 주장하지만 그 전에 그 생각을 하고 판

단을 하는 뇌가 이미 한국어로 구성되어 있음을 왜 인정하지 않나요?

이미 한국어로 구성된 뇌라면 그 뇌에 영어라는 언어가 무엇이 다른지를 이해시키는 것이 올바른 순서이지 않을까요?

세상이 온통 가짜입니다. 쉬사오동이 그런것 처럼 가짜들에게 놀아나 아무런 실전성이 없는 영어를 배우는 학생들의 모습에 저는 화가 납니다.

오해하진 말아 주세요. 한국의 영어교육을 비하함이 아닙니다. 저희가 가르치는 영어교육만이 효과적이고 진리라고 하는 말이 아닙니다. 실력이 뛰어나고 진성성 있게 학생들을 가르치는 홀륭한 선생님들이 많이 있음을 알고 있습니다. 그러나 유명한 격투기 선수가 아닌 한 체육관의 격투기 강사 쉬사오동이 가짜 무술을 타격하듯, 아무런 실전성 없는 한국의 영어 교육들만은 꼭 타격하고 싶습니다.

영화 '관상'을 보고

이병헌이 주연한 퓨전 사극 영화 광해에 대한 기억과 송강호, 이정재, 김혜수 등 실력파 배우들에 대한 기대가 합쳐져 초가을의 극장가를 점령한 영화 "관상".
최악이다.

관상가 내경의 역할과 비중 그리고 그가 하는 일 모두가… 너무나 억지스럽다. 단종에게 수양이 역적의 상이라는 걸 일깨우기 위해 관상쟁이 내경이 호위 무사들이 지키는 수양대군의 거처에, 의사로 위장해서 들어가 마취를 하고 이마에 세 개의 점을 찍는 수술을 하고, 바늘로 꿰매고 그 점 세 개를 본 단종이 수양대군(이정재)이 역적의 상임을 알고 그를 귀양 보내려다 이를 눈치챈 수양이 선수를 쳐 왕위를 빼앗는다. 이게 대체 무슨 억지야… 향초 하나가 타는 시간 동안 그 대상이 눈치채지 못하게 점 세 개를 박는 성형 수술을 한다? 그리고 그 대상은 알지도 못한다? 이게 현대 의술로는 가능한가? 그리고 정황도 명분도 명확하지 않은 일에 기생 김혜수까지 목숨을 건다? 아니 그전에, 관상쟁이가 관상을 보는 것이 아니라 관상을 만드는 것부터가 얼마나 모순적인가?
처음부터 끝까지 모든 것이 억지스럽다. 특별히 한 일도 없이 영화 속에 신비한 책략가로 그려지는 한명회와 그를 추적하는 여경, 권력 투쟁의 희생양이 되는 여경의 아들, 마지막 장면에서 말단 관리 내경의 외침에 이제 왕이 된 수양대군이 말 위에서 내리는 모습.
그것은 마치, 지금 수업 중에 내가 전화하면 지금 저 교실 문을 열고 대한민국의 대통령이 들어오는 것과 같은 것이 아닌가?
영화가 끝날 때까지 자리에 앉아 있는 것조차 힘들었다… 억지스러운 것이 한두 부분 정도라야 넘어가지… 이건 도대체… 무슨 생각으로 만든 영화인가?

한글날

"선생님 어떻게 한글날 수업을 할 수 있나요? 국가에서 휴일로 정한 날은 쉬는 게 기본이죠. 특히 한글날에 영어 수업을 하는 것은 세종대왕이 무덤에서 통곡하지 않을까요?"

세종대왕은 한글을 사랑하기 이전에, 글을 모르는 자신의 백성들을 사랑했다. 백성들이 글로 자신들이 말하고자 하는 바를 펼 수 있기를 원했다. 그러나 너희들이 살아가는 21세기의 오늘은 영어를 모르면 제 뜻을 펼 수 없는 세상이다. 영어 능력으로 신분이 정해지는 세상이다. 이는 부인할 수 없고 막을 수도 없는 현실이다. 그러므로 이 흐름을 바꿀 수 없는 이상 한글날 영어를 가르치는 것이, 좀 더 학생들에게 효과적인 방법으로 영어를 가르치려고 노력하는 것이 21세기에 세종대왕의 뜻을 지켜가는 것이라고 생각한다. 그럼 수업 시작하자.

바람의 방향을 바꿀 수는 없다

I can't change the direction of the wind, but I can adjust my sails to always reach my destination.
바람의 방향을 바꿀 수는 없다. 그러나 내 목적지에 다다르기 위해 나는 항상 내 돛을 조정할 수 있다.
- Jimmy Dean

양계장 주인은 아침마다 닭에게 모이를 준다.
주인의 손이 펼쳐질 때마다 닭들은 본능적으로 그 손을 향해 달려간다.
그러나 모이를 주는 그 손은 언젠가
닭의 모가지를 비튼다.

기술의 발달은 항상 나를 도왔다.
새로운 기술을 만날 때마다 나는 먼저 적응하려 노력했다.
그러나 이 고마운 기술의 발달은
언젠가
내 모가지를 비틀 것이다.
그때 나는…
내 돛을 어디로 향하게 해야 할까?

고개를 돌리지 않는 코치

One warm spring day in central California, a tennis coach was instructing a student on the art of serving the ball. While the student tossed and hit the ball over and over again, the coach focused attention on each part of the student's motion and swing. The coach never criticized the student, but instead gave feedback after each hit about the position of the racquet, the height of the ball toss, the angle of the racquet as it hit the ball, and the student's motion during the racquet follow-through. In tennis, the ball needs to land in a service square in order to be a successful hit. Yet remarkably, the coach never once looked to see where the ball landed after the student hit it. Instead, the coach focused his feedback exclusively on suggestions for improving each part of the student's service stroke. The coach was confident that once the student learned each of the component skills, the student would be able to combine them so that the ball would consistently land in the proper area.

캘리포니아 중부에서 어느 따뜻한 봄날에, 한 테니스 코치가 공을 서브하는 기술을 학생들에게 가르치고 있었다. 학생이 반복해서 공을 던지고 치는 동안 코치는 학생의 움직임과 스윙의 각 부분에 주목하였다. 코치는 결코 학생을 비판하지 않았다. 그 대신 매번 공을 칠 때마다 라켓의 위치, 공을 던지는 높이, 라켓이 공을 칠 때의 각도, 그리고 라켓의 마무리 동작 때 학생의 움직임에 대해 피드백을 주었다. 테니스에서 성공적인 타구가 되려면 공은 서비스 구역 안에 떨어져야 한다. 하지만 이상하게도, 코치는 학생이 공을 친 다음에 그 공이 어디에 떨어지는지 보기 위해 한 번도 살펴보지 않았다. 그러기보다는 코치는, 오로지 학생의 서비스 스트로크의 각 부분을 향상하기 위한 제안을 하는 피드백에 집중했다. 코치는 학생이 일단 각 부분의 기술을 배우면 일관되게 적절한 구역에 떨어지도록 그것들을 조합할 수 있을 것이라 확신했다.

분명 저 코치는 학생을 가르칠 자격이 있는 제대로 된 선생이다. 최근 정현의 경기에서 봤듯이 테니스에서 서브권은 상당히 중요하다. 자신이 서브권을 쥐고 있을 때 득점에 실패하면 그 경기는 보통 승리하기 어렵다. 그 중요한 서브를 지금 코치는 가르치고 있다. 그러나 코치는 지금 학생이 때린 공이 코트의 어디를 강타하는지 보지 않는다. 필요가 없기 때문이다. 공을 던지는 각도, 점프하는 자세, 라켓을 휘두르는 각도 등의 정확한 연습 없이 휘두르는 공은 설령 그것이 코트에 제대로 들어갔다 하더라도 아무 의미가 없다. 그저 우연일 뿐 다음 차례에 그와 같은 공을 기대할 수 없기 때문이다. 그러니 코치는 고개를 돌릴 필요가 없다.

지금 너희들에게 영어를 가르치는 나도 저 코치와 마찬가지다.
나는 지금 너희에게 단어를 알게 하고 그 단어가 어떻게 구성되어 문장을 이루는지 그 구조를 볼 수 있게 하고 자신이 읽은 지문이 무엇을 말하려 함인지 너희 스스로 생각하게 하려 한다.
이 모든 것들이 갖춰지고 나서야 모의고사와 수능에서 너희들의 성적을 기대할 수 있는 것이다. 이것이 갖춰지지 않고 받게 되는 점수는 설령 그것이 너희들 스스로에게 만족스럽다 하더라도 다음번을 불안하게 만드는 우연의 산물일 뿐이다. 너희에게 만족스러운 점수가 나오기 전에 그것은 너희를 가르치는 내게 먼저 보인다. 시간차는 있을 수 있어도 이것이 어긋나는 경우는 없다. 뒤를 돌아보지 않는 테니스 코치처럼 이는 내게 너무나 당연한 일이다.
참 기분 좋게 하는 지문이네.

영화 '생텀'을 보고

하루하루가 너무나 정신없이 지나가는 것처럼 느껴질 때

그래서 지쳐버릴 것 같을 때

영화를 보러 간다.

극장을 나올 때

내가 마치 오랜 세월을 살다 나온 듯한 착각이 들게 할 만한 영화를

신중하게 고른다.

그리고 만족할 만한 영화 '생텀'을 보고 나왔다.

헌데 인터넷 게시판에서… 많은 이들이

영화에 대한 실망감을 이야기한다.

아마 기대하는 것이 달랐기 때문이겠지?

어쨌든 나는…

두 시간의 시간 동안

마치 내가 오랜 시간을 갇혀 있었던 것처럼 영화 속에 몰입되었다.

그 어떤 영화가 아버지를 죽이는 아들의 모습을

이토록 숭고하게 그려낼 수 있었는가?

우물 안 청개구리

어떤 이는 내 눈에서 죄인을 읽고 가고
어떤 이는 내 입에서 천치를 읽고 가나
나는 아무것도 뉘우치진 않으련다.
서정주의 '자화상' 중에서

동으로 가라면 서로 가고
서로 가라면 동으로 가며 살아왔습니다.
많은 이들이 제게
당신들이 지나간 정해진 길로 갈 것을 훈련시키지만
전 제 길을 갖고 싶습니다.
그것이 덤불 속이라 할 지라도, 시궁창 길이라도
절벽에 이른다 할 지라도, 상관없습니다.
전 청개구리입니다.
단 한 가지 동화 속 그 녀석과 달라지고 싶은것이 있다면
마지막에 후회하는 모습만큼은 보이고 싶지 않습니다.
죽음의 순간까지
내가 걸어온 그 길을 소중하게 간직하고 싶습니다.

맥아더의 능력치

Victorious warriors win first and then go to war, while defeated warriors go to war first and then seek to win.
승리하는 전사는 먼저 이기고 전쟁으로 나선다. 패배하는 전사는 먼저 전쟁으로 나서고 이길 방법을 찾는다.

6.25 전쟁에서…
북한은 미국이 개입하지 않을 것이라 생각하고 전쟁을 일으켰고…
미국은 중국이 개입하지 않을 것이라 생각하고 북한을 완전히 제거하려 했다.
참 재미있는 시나리오가 아닌가?
처음에 계속해서 밀리던 남한은…
그 유명한 인천 상륙작전을 시작으로 전세를 역전시키고
계속해서 북으로 진격해 나갔다.
한데 말이야…
그 상륙작전이 그렇게 대단한 것인가?
2차대전을 승리로 이끈 미국이 UN군을 이끌고…
이제 막 외세 침략을 벗어나 세계 사람들이 그 이름도 제대로 알지 못했을
북한과의 전쟁이 아니었던가? 민간인들과 정글 속에서 숨어서
계속해서 게릴라전을 벌이던 베트콩과의 전쟁도 아니고…
북으로 남으로 진격하는 서로 간의 힘겨루기라면…
이것이야말로 어른과 애의 싸움이 아닌가?

거창한 상륙 작전 없이도 북으로 밀고 올라가는 것은 당연한 일이 아닐까?

오히려 재미있는 것은…

북한과 마찬가지로… 얼마전까지…

많은 열강들의 식민지로 허우적대던 중국이 개입해.

미국과 UN군이 남으로 밀린 것이

중국 입장에선 대단한…

미국 입장에선 어이없는 일이었지…

그 과정 속에서… 사령관 맥아더는…

중국이 개입하는 일은 절대로 없다고 스스로 공언했고…

정작 중공군이 그 유명한 인해전술로 밀고 들어올 때엔

핵을 사용해 중공군의 진격을 막겠다는 제안을 했지만

이는 또 다른 핵보유국인 소련의 개입을 우려해 받아들여지지 않았다.

이 정도면, UN군 사령관 맥아더의 능력치는

아무리 미화해 보려 해도 참으로 초라하지 않은가?

손자병법에서 나오듯

비스마르크가 프랑스를 공격할 때, 철저히 프랑스를 세계에서 고립시켰듯

중국의 개입은 준비되고 차단되었어야 하는 것이 아닌가.

6.25 전쟁은 단지 제3세계의 국가였던 중국이

세계 무대에 영향력을 행사할 수 있는 첫 계기를 마련해 주었다.

그래서 닉슨도 모택동에게 이렇게 말했지.

"당신은 세상을 바꾸어 놓았다."

오해하지 마라.

대한민국을 위해 싸운 맥아더의 고마움을 비하하고 싶은 것은 아니다. 단지 그 자리에서 그가 보인 능력이 그저 그렇다는 이야기가 하고 싶을 뿐…

햇살이 눈부셔 방아쇠를 당겼다

나는 내 속에서 외치는 것 그것을 살아보려고 노력했다.
그런데 그것은 왜 그리도 어려운 것이었을까?
– 헤르만 헤세

전에 잠깐 이야기한 적이 있지… 알베르까뮈의 "이방인".
내가 참 좋아하는 책이야… 신기하고 충격적인 책이었지… 책을 처음 접했던 고등학교 시절.. 결말을 보기 전까지 책에서 손을 뗄 수가 없었다. 첫 도입부에서 주인공 뫼르쏘는 말한다. "어머니가 돌아가셨다. 그러나 슬프지 않았다." 그는 정말로 어머니의 죽음을 슬퍼하지 않았다. 그저 허전하다고 느꼈고 그래서 여자 친구를 만나 해변에서 놀았고 어느 아랍인과 시비가 붙게 되었는데 그가 칼을 꺼내 달려들자 총을 꺼내 그 아랍인에게 방아쇠를 당긴다.
그러나 이는 정당방위다. 분명 아랍인이 먼저 칼을 들고 달려들었으니.

재판은 처음에 뫼르쏘에게 유리하게 진행된다. 그런데 갑자기 판사가 묻는다.
정당방위라면 한방이면 될 것을 왜 다섯 방이나 쐈는가?
뫼르쏘는 가만히 한참을 생각한다. 자신에게 유리하게 말을 하기 위함이 아니다.
좀 더 솔직한 대답을 하기 위해 좀 더 솔직한 자신을 알기 위해 그는 대답을 고민한다. 그리고 답을 찾은 그는 말한다.
"햇살이 눈부셔 방아쇠를 당겼다"
재판은 서서히 그에게 불리해진다. 그리고 어머니의 장례식으로 슬퍼해야 할 순간

애인을 만났고 해변가에서 놀았다는 것이 밝혀지고 이것이 결정타가 되어 그는 세상에 존재해선 안 되는 '순수 악'이 되어 사형을 선고받는다.

여기서 잠깐만 생각 해보자. 내가 지금 너희들에게, 소중한 사람의 죽음이 너희들이 생각하는 것보다 안 슬플 수 있다면, 나 역시 이방인이 되는 것인가? 어때?

오늘 수업을 마치고 집에 가는 길에 내가 교통사고가 나서 다음 주 수업에 왔을 때 내가 죽었음을 너희들이 알게 된다면 너희는 과연 얼마나 슬퍼할까? 진심으로 슬퍼할까? 아님 슬퍼하는 척을 할까?

세상과 어울릴 수 없는 이방인 뫼르쏘는 단지 너무나 자신에게 솔직했던 것이 아닐까? 세상과 어울릴 수 없을 만큼….

초등학교 4학년 시절 친한 친구가 죽었다. 처음 소식을 들었을 때 믿기지가 않아서 울지 않았다. 장례식장에서 돌아오는 길에 눈물이 났는데 그 눈물 중 일부는 친구의 죽음을 전적으로 슬퍼하지 않는 내 모습이 슬퍼서였음을 오랜 시간이 지난 지금도 나는 기억한다.

프로메테우스를 위하여

교회를 다니지 않는 친구들도 성경의 아담과 이브의 이야기는 알고 있지 않은가?
성경 창세기 속의 하나님은 모든 것을 먹어도 좋지만 선악과 열매를 먹으면 바로 죽게 되니 결코 먹어선 안 된다고 아담과 이브에게 말한다. 그런데 뱀이 나타나 선악과를 먹도록 유혹하며 말한다.
"너희들 선악과 먹어도 안 죽어. 오히려 똑똑해져. 하나님은 그것을 원치 않을 뿐이야."
유혹에 넘어간 아담과 이브는 선악과를 먹었고, 그런데 그래서 어떻게 되었지?
인간은 똑똑해졌고 하나님은 분노한다. 잠깐 여기서 확실히 해두자. 인간에게, 하나님은 뻥을 쳤고 인간에게, 뱀은 진실을 이야기했다. 그런데 왜 인간은 뱀을 비난하고, 악마화하고 하나님을 숭배하지? 뱀 덕분에 똑똑하게 된 것이 아닌가?
음… 더 센 쪽에 붙는 것이 당연한 것인가?

인간을 좋아해서, 인간에게 신의 불을 가져다준 그리스 신화 속 프로메테우스는 제우스의 분노를 사, 바위에 묶여 매일마다 독수리에게 간이 쪼아 먹히는 형벌을 받았다 그러나 그런 그에게 인간이 돌을 던진다면 이건 뭔가 이상한 일이 아닌가?

호소력의 본질

The great composers didn't follow the rules, but made the rules follow them.
위대한 작곡가들은 룰을 따르지 않고 오히려 룰이 그들을 따르게 만든다.

호소력의 본질에 대해 생각해 보자.
사람들을 집중시키는 것은
우렁찬 목소리,
높은음과 낮은음의 비율 등이 아니다.
가장 중요한 것은 중간중간의 갑작스러운 "침묵"
갑자기 하늘을 바라보고, 관중을 바라보는
그러나 아무 말도 하지 않는 그 침묵의 순간에
모두의 시선이 집중된다.
중요한 것은 음표가 아니라 쉼표인 것이다.
그러나 이를 잘 알고 있는 사람은 생각보다 흔치 않다.
박식하고 조리 있게 말을 잘하는 사람들은 많지만
침묵을 활용할 줄을 몰라서 호소력이 부족하다.
얼마 안 되는 사람들만이 이 비밀을 알고 있다.
가수로는 임재범,
정치인으로는 노무현, 오바마

세상이 만드는 영웅과 악마

타이타닉 선장과 세월호 선장의 공통점과 차이점을 생각해 보자.

공통점은…

둘 다 판단 착오로

자신이 운전하는 배를 사고가 나게 해서 수많은 소중한 생명을 잃게 했지.

차이점은…

배와 함께 죽음을 택한

타이타닉 선장은 동상이 만들어졌고

누구보다도 먼저 배에서 탈출한

세월호 선장은 평생을 감옥에서 보내야 하지.

수많은 생명에 대해 책임이 있는 것은 둘이 같을 텐데

대우에 있어서 어찌 이리 극명한 차이가 날까?

마무리 행동이 다른 것을, 숭고한 것과 비열한 것을 인정한다고 해도 말이야

어쩜 이들은 자신들이 한 일보다

더 영웅과

더 악마로

세상에 의해 만들어지는 것은 아닐까?

누군가의 노력으로…

성난 대중들로부터 관심을 돌리기 위해…

자신이 비난의 대상이 되는 걸 철저히 막기 위해…

2017 가정통신문

삼수도하(三獸渡河): 토끼, 말, 코끼리, 새, 짐승이 있어 항하를 건너가는데 토끼는 발을 강바닥에 대지 않고 건너고, 말은 강바닥에 대기도 하고 혹은 안 대기도 하면서 건너고 코끼리는 확실히 발을 강바닥에 대고 건너간다. 모두가 같은 강을 건너지만 그 방법은 다르다.

- 불교 설화 중에서

중3인 '토끼' 와 '코끼리'가 이번 영어 시험을 나란히 100점을 맞았습니다. 그러나 그들을 가르치는 저에게는 보입니다. '토끼' 학생이 고등학교에서 성적이 곤두박질 칠 것과 '코끼리' 학생이 안정적으로 좋은 성적이 나올 것을.

이는 '토끼' 학생은 교과서를 외워서 답을 찾았고 '코끼리' 학생은 개념에 대한 명확한 이해를 가지고 답을 찾았기 때문입니다.
'왜 그렇게 해석될 수밖에 없는지'를 알고 공부하기 때문입니다.
'토끼' 학생이 염려되어 지적하고 혼내고 다시 가르치지만 그를 설득하기 어려운 경우가 많습니다. 중간고사 성적이 나란히 백점이기 때문입니다. 그래서 '토끼' 학생들은 아무런 문제를 느끼지 못하고 고등학교에 진학합니다. 그리고 학교 시험을 한번, 모의고사를 한번 치르고 나서 자신의 상황이 얼마나 심각 한지를 알게 됩니다.

중학교와 고등학교 영어의 차이를 좀 더 구체적으로 설명하면 중학교 시험은 진도라는 것이 있습니다. 이번 범위는 To 부정사, 다음 범위는 관계대명사 등등 문법문제는 이렇게 정해진 범위 안에서만 나옵니다. 교과서 범위도 각 과마다 A4 용지 한 면도 채우지 못하는 분량으로 총 2과에서 3과가 시험범위가 되어 학생들이 지문을 외워 버리는데 어려움이 없습니다. 그러나 고등학교 영어에선 그 진도라는 것이 없습니다.

영어를 공부하는데 필요한 대부분의 문법사항은 중학교 진도에서 끝나는 것입니다. 고등학교에서는 중학교 때 순서대로 배운 문법 사항들을 응용하여 지문을 파악하는 것을 요구합니다.

문법이 정해진 중학교와는 달리 시험에서 선생님이 문법의 어떤 사항을 테스트 할 지는 출제자인 선생님에게 달려있습니다. 그러나 분량은 중학교 때처럼 교과서 3단원에서 끝나는 것이 아니라 보충교재, 모의고사, 등이 포함되어 분량이 중학교 때의 열배 스무 배 이상이 된다 하더라도 결코 과장이 아닙니다.

즉 범위가 있지만 범위가 없는 과목이 영어가 되는 것입니다.

영어를 알고 공부하는 학생들은 별로 공부를 안 해도 점수가 나올 수 있는 반면 영어를 모르고 공부하는 학생들은 죽어라고 공부를 해도 성적이 나올 수가 없습니다. 그리고 이는 영어 이외의 다른 과목의 준비에도 영향을 미치게 됩니다.

예전에는 이를 고등학교에 와서 깨닫는다 하더라도 크게 문제가 되지는 않았습니다. 대학시험에서 큰 비중을 차지하는 수능까지는 3년의 시간이 있기 때문입니다. 그러나 학생 종합 기록부등 내신을 강조하는 오늘날의 입시에서 고등학교 1학년 때 이를 깨닫는 것은 이미 늦은 일입니다 재능이 있는 많은 학생들이 이를 알지 못하고 준비되어 있지 않는 것은 너무나 안타까운 일입니다.

저희는 이를 깨우치고 가르칩니다. 이는 저희에게 물에 빠진 사람을 구하는 것과 또는 불난 집에 뛰어드는 것과 같은 일입니다. 종교에서 말하는 구원과 같은 일입니다. 물론 쉬운 일은 아닙니다. 이미 적당히 영어 지문을 상상해서 해석하고 암기해서 성적을 내는데 익숙한 학생들에게 저희의 간절함은 무시당하기 쉽습니다. 그럼에도 불구하고 저희는 "귀 있는 자는 들으라"는 예수의 외침을 따라하며 좀 더 많은 학생들을 영어의 혼란 속에서 구원하기 위해 노력합니다.

깨어있는 이들을 코끼리로 만들 수 있음을 확신합니다. 귀한 자제분들을 저희 '박대수 영어학원'에 맡겨 주셔서 감사합니다. 즐거운 추석 보내세요.

2022 가정통신문

소설 '이상한 나라의 앨리스'에서 시계를 갖고 있는 이상한 토끼를 쫓아가던 중 숲에서 앨리스는 고양이를 만나 이야기를 합니다.
Would you tell me, please, which way I ought to go from here?
내가 여기서 어디로 가야 하는지 알려줄래?
그러자 고양이는 말합니다.
That depends a good deal on where you want to get to.
그것은 네가 어디를 가고 싶은지에 달려있지.
다시 앨리스가 말합니다.
I don't much care where.
어디든 상관없어.
그리고 다시 이 말에 고양이가 말합니다.
Then it doesn't matter which way you go. If you don't know where you're going, any road will take you there.
그렇다면, 어느 길로 네가 가든 문제 될 것이 없지. 네가 어디를 가고 있는지 모른다면 어느 길이든 너를 그곳으로 데려갈 거야.

소설 이야기 내내, 여러 캐릭터들이 이상한 말들을 떠들어 대지만 이 고양이와의 대화만큼은 쉽게 웃어넘기기 어렵습니다.
그래서 저희가 영어를 가르치는 목적에 대해서 다시 한 번 생각해 봅니다.
첫째는 영어를 공부하는 방법을 가르치기 위함입니다. 은, 는, 이, 가, 을, 를 등 조사가 발달한 우리말과 달리 영어라는 언어가 철저히 구조로 이루어진 언어라는 것을 많은 학생들이 제대로 알지 못합니다. 그래서 밑 빠진 독처럼 배우는 것들을 흘려보낼 수밖에 없습니다.

여러 차례 이야기했지만, 많은 이들이 이를 모르고 공부하는 것은 신기한 일이기도 합니다. 이를 깨우쳐, 문장의 구조를 제대로 알고 보게 하는 것, 이것이 박대수 영어학원의 첫 번째 존재의 이유입니다.

두 번째는 영어를 공부하는 방법을 아는 친구들을 효율적으로 가르치기 위함입니다. 영어를 공부하는 방법을 아는 친구들은 학원을 하산해도 됩니다. 공부하는 방법을 안 이상 이들은 밑 빠진 독이 아닙니다. 배우는 것은 그들에게 하나하나 쌓여갑니다. 그러나 현명한 이 친구들이 박대수 영어학원을 6, 7년의 오랜 시간 동안 다니는 데는 이유가 있습니다.

그것은 내가 두 시간을 혼자 공부하는 것보다 학원에서의 두 시간이 몇 배의 효율성이 있음을 학생들이 느끼기 때문입니다. 이 효율성을 위해 선생님들은 수업 시간의 열 배 이상으로 학생들이 모르는 것을 찾아 수업을 준비합니다. 그리고 당연히 이는 영어를 가르치는 우리를 힘들게 합니다. 그러나 학생들에게 필요한 존재가 되어야 하는 우리의 자존심을 굽힐 수는 없습니다.

'학생들이 모르는 것'의 종류도 여러 가지입니다. 문장 구조가 복잡한 경우가 있고 문화 차이에서 오는 생소한 표현이 있고 구조는 쉽지만 학생들이 평소에 생각하지 못했을 소재들 등등…

이것이 박대수 영어학원의 주 수업교재가 서점에 즐비한 영어교재가 아니라 선생님이 준비하는 자료인 이유이기도 합니다. 시대적 흐름을 알게 하기 위해 세계 여러 나라들의 영여신문을 찾아 헤매기도 합니다.

오늘은 이 문장들로 학생들을 가르치려 합니다.

I could die for you. But I couldn't and wouldn't live for you.
나는 너를 위해 죽을 수 있다. 그러나 너를 위해 살 수도 없고 너를 위해 살지도 않을 것이다.
미국의 작가 아인 랜드(Ayn Rand)가 한 이야기입니다. 단어도 간단하고 구조도 간단하지만 이 문장이 무엇을 말하기 위함임을 학생들에게 질문하고 제 견해를 이야기해야 합니다.

Only when you have established what it is that you want students to achieve, do, or understand can you go about finding the best way for them to accomplish that.
이 문장으로는 학생들이 only가 이끄는 구문이 문두에 나와서 주어 동사가 도치되었음을 보고 있는지 확인해야 합니다. 의문사 what이 이끄는 절 안에서 what이 동사 achieve, do 그리고 understand의 목적어로 쓰이고 있는 것을 보는지… 그리고 의문사 what을 강조하기 위해 쓰인 it is that 이 학생들의 구조 파악을 혼동스럽게 하는 것은 아닌지 확인해야 합니다. 그리고 이 문장의 의미의 중요성을 선생과 제자들이 같이, 다시 한번 생각하게 할 것입니다.

너의 학생들이 무엇을 달성하고, 하고 또는 이해하게 만들기를 원하는지, 네가 네 스스로 확립했을 때만이 비로소 너는, 그들이 이를 달성하는 최고의 방법을 찾을 수 있다.

초판 1쇄 발행 2024년 07월 22일

지은이 박대수

펴낸이 임병천
펴낸곳 책나무출판사
출판신고 2004년 4월 22일 (제318-00034)

주소 서울시 영등포구 신길3동 325-70 3F
전화 02-338-1228 **팩스** 0505-866-8254
홈페이지 www.booktree.info

ⓒ 박대수 2024
ISBN 978-89-6339-736-8 03810

*이 책의 판권은 지은이와 책나무출판사에 있습니다.
*양측의 서면 동의 없는 무단 전재 및 복제를 금합니다.
*잘못된 책은 바꿔드립니다.